共建"一带一路"倡议下辽宁区域文化传播研究

周 洋 ◎著

中国商务出版社

·北京·

图书在版编目（CIP）数据

共建"一带一路"倡议下辽宁区域文化传播研究／
周洋著. -- 北京：中国商务出版社，2024.6. -- ISBN
978-7-5103-5210-2

Ⅰ. G127.31

中国国家版本馆 CIP 数据核字第 2024Z727K1 号

共建"一带一路"倡议下辽宁区域文化传播研究
周　洋◎著

出版发行：中国商务出版社有限公司
地　　址：北京市东城区安定门外大街东后巷 28 号　邮　　编：100710
网　　址：http://www.cctpress.com
联系电话：010—64515150（发行部）　　010—64212247（总编室）
　　　　　010—64515164（事业部）　　010—64248236（印制部）
责任编辑：云　天
排　　版：北京天逸合文化有限公司
印　　刷：星空印易（北京）文化有限公司
开　　本：787 毫米×1092 毫米　1/16
印　　张：13.25　　　　　　　　　　　　字　　数：200 千字
版　　次：2024 年 6 月第 1 版　　　　　印　　次：2024 年 6 月第 1 次印刷
书　　号：ISBN 978-7-5103-5210-2
定　　价：79.00 元

前　言

　　随着全球化时代的来临，国际传播和文化交流的重要性日益突显。我国提出的共建"一带一路"倡议旨在推动与共建国家的经济合作与交流，以实现共同繁荣与发展。然而，在这一倡议中，文化传播问题引起了广泛的关注和研究。辽宁作为"共和国长子"，在共建"一带一路"倡议中扮演着重要的角色。辽宁文化的传播与交流对于推动共建"一带一路"倡议的落实和促进共建国家间的友好合作具有重要意义。

　　本书以国际传播视角，深入研究了在共建"一带一路"倡议下辽宁文化的传播。通过七个章节的剖析，将辽宁文化传播置于共建"一带一路"倡议的大背景之下进行了详尽分析。通过对辽宁文化历史、传播主体、传播内容和传播路径的深入研究，能够深刻洞察辽宁文化在国际传播中的优势和劣势，并探讨如何充分利用共建"一带一路"倡议的机遇，优化和提升辽宁文化传播的效果。

　　希望本书能够为推动辽宁文化传播提供有力支持，进一步促进中国与"一带一路"共建国家的文化交流与合作，为共同繁荣与发展做出积极的贡献。

作　者

2024.2

目 录

第一章　共建"一带一路"倡议解读

第一节　《推动共建丝绸之路经济带和 21 世纪海上丝绸之路的愿景与行动》

在两千年的尘封往事中，古亚欧大陆的居民用他们的智慧和勇气，打通了几块大陆间的商贸与文化，这些道路后来被称为"丝绸之路"。岁月流转之下，丝绸之路所象征的"共生共荣、心胸开阔、互帮互助、共同繁荣"的理想信条历久弥新，推动了文明的飞跃，为促进国家之间的繁荣与昌盛牵线搭桥，成了东西方互助合作的标志，同时也是全球共享的文化遗产。

进入以和平、发展、合作、共赢为核心理念的 21 世纪，在全球经济复苏乏力，世界局势错综复杂之际，继承和发扬丝绸之路的精神显得尤为关键和宝贵。

在 2013 年 9 月与 10 月，中国国家主席习近平正式提出了建立"丝绸之路经济带"与"21 世纪海上丝绸之路"的宏伟构想，此举获得了全球的广泛关注与重视。2013 年，时任中国国务院总理李克强参加中国—东盟博览会时强调，构筑朝向东盟的海上通路，建立促进内地发展的战略枢纽至关重要。共建"一带一路"倡议的迅猛发展对增进国与国之间的经济区域合作有着积极作用，为文化交往带来新机，推动世界和谐共处，对于全球民众而言，这是一项有益的事业。

共建"一带一路"倡议的实施是一项涉及众多系统的大工程，其基础在于"共谋、共建、共用"的原则，着眼于推动各参与国发展策略的交汇衔接。为了推动共建"一带一路"倡议的实行，赋予老丝绸之路新活力，让亚、欧、非国家的合作更加密切，共同实现合作的新篇章，国家发展改革委、外交部、商务部联合发布了《推动共建丝绸之路经济带和21世纪海上丝绸之路的愿景与行动》。

一、时代背景

当前全球变革之浪潮汹涌，以国际金融动荡为标志的结构性问题持续显现，世界经济恢复步伐蹒跚且呈分化态势。同时，全球投资与贸易格局正处于变革之节点，多边投资与贸易规则亦面临深远调整，众国所面临的挑战仍不容忽视。在此背景下，共建"一带一路"倡议顺应了世界多极化、经济全球化、文化多样性及社会信息化之时代潮流，本着开放的区域合作精神，致力于维系全球自由贸易体系与开放型世界经济格局。共建"一带一路"倡议的宗旨在于推动经济要素流动的高效性、资源配置的合理性与市场融合的深度化，通过共建国家的经济协作，展开更广泛、更高水平和更深层次的区域合作，旨在构筑一个开放、包容、均衡且普惠的区域经济合作架构。该倡议不仅契合国际社会整体利益，亦彰显人类共同追求及崇高理想，成为国际协作与全球治理新模式探索的有益实践，为世界和平与发展注入积极动能。

共建"一带一路"倡议致力于增强亚欧非大陆以及相邻海域的互联互通，通过建立和加强共建国家间的互联互通伙伴关系，打造全方位、多层次和复合型的连接网络，实现共建国家的多元化、自主性、平衡性和可持续性发展。共建"一带一路"倡议下的各项互联互通举措旨在促进沿线国家发展战略的配合与联动，挖掘地区内市场潜力，刺激投资与消费，创造新的需求与就业机会，并加深共建国家人民之间的文化交流与相互学习，促进民间了解和相互尊重，共创和谐、安宁与繁荣的未来。

面对全球经济网络高度互联的现实，中国坚持对外开放战略不动摇，致力于构建全方位的新开放局面，进一步融入国际经济体系。推动共建"一带一路"建设是中国进一步扩大和深化对外开放的必然选择，也是加强中国与亚欧非范围内及世界各国互利合作的必然请求。中国愿意在能力范围内承担更多国际责任与义务，为促进人类和平与发展做出更为显著的贡献。

二、共建原则

恪守联合国宪章的宗旨和原则。遵守和平共处五项原则，即尊重各国主权和领土完整、互不侵犯、互不干涉内政、和平共处、平等互利。

坚持开放合作。共建"一带一路"倡议的合作伙伴不限于历史上丝绸之路经过的国家，全球各国以及跨国和区域组织均有机会加入，确保其建设成果能够惠及更加辽阔的区域。

坚持和谐包容。提倡文化的相互理解与宽容，尊崇每个国家选择自己的发展路径和模式，促进不同文明间的交流，寻求共识与尊重差异、倡导共融共存，实现和平与共同繁荣。

坚持市场运作。遵循市场经济的原则和国际公认的规则，让市场在分配资源中起主导作用，同时确保企业在经济活动中发挥核心作用，并适当发挥政府在经济中的引导和调节作用。

坚持互利共赢。在考虑各方利益和关切的前提下，寻求利益契合点和最大公约数，充分体现各方的智慧和创意，充分发挥各方的长处，实现优势互补，最大限度地发挥各方的潜力。

三、框架思路

共建"一带一路"倡议是促进共同发展、实现共同繁荣的合作共赢之路，是增进理解信任、加强全方位交流的和平友谊之路。中国政府倡议，秉持和平合作、开放包容、互学互鉴、互利共赢的理念，全方位推进务实合作，打造政治互信、经济融合、文化包容的利益共同体、命运共同体和责任共同体。

共建"一带一路"倡议横跨亚洲、欧洲、非洲三大洲，东起充满活力的东亚经济圈，西至发达的欧洲经济圈，横亘经济发展潜能巨大的中间腹地国家。陆上丝绸之路经济带重点在于畅通从中国经中亚、俄罗斯至欧洲；经中亚、西亚至波斯湾；中国至地中海以及通往东南亚、南亚、印度洋的贸易要道。21 世纪海上丝绸之路则侧重于连接中国沿海港口至印度洋和欧洲、穿越南海至南太平洋的航线。

沿着共建"一带一路"倡议的宏观方向，陆上合作以国际主要通道为依托，围绕中心城市，聚焦重点经贸工业园区，协同打造包括新亚欧大陆桥、中蒙俄、中国—中亚—西亚、中国—中南半岛等在内的国际经济合作走廊；海上则以主要港口为枢纽，建设顺畅、安全、高效的物流大通道。中巴、孟中印缅两个经济走廊与推进共建"一带一路"建设紧密相连，迫切需进一步推动相关合作以获得更大发展。

四、合作重点

共建"一带一路"倡议的主要内容包括：政策沟通、设施联通、贸易畅通、资金融通和民心相通，这"五通"成为共建"一带一路"倡议的核心基础。

1. 政策沟通

随着沟通深入，国家之间的交往变得更加紧密，政治互信也得到了加强，合作意向更加明确。中国已经与众多国家和国际组织签署了合作文件。在国家战略对接方面，包括俄罗斯提出的欧亚经济联盟、波兰提出的"琥珀之路"等都与共建"一带一路"倡议紧密协调和对接发展。同时，中国与老挝、柬埔寨、缅甸、匈牙利等国家的规划对接工作也已全面展开。

共建"一带一路"倡议持续凝聚国际合作共识，在国际社会形成了共建的良好氛围。2019 年下旬，中国与意大利签署了共建"一带一路"倡议的谅解备忘录，这是首个 G7 国家正式加入倡议。中意两国在《联合公报》中表示愿意加强共建"一带一路"倡议与泛欧交通运输网（TENT）等的对接，深化在港口、物流和海运领域的合作。从古丝绸之路到共建"一带一路"倡议，意大利与中国的往来具有千年历史，意义非凡。同时，我国已经与世界卫生组织、亚太经合组织等国际组织签署了与共建"一带一路"倡议相关的合作文件，充分发挥在不同领域的联系和带动作用，进一步推进中国与"一带一路"共建国家在现有的国际合作框架下开展务实合作。

2. 设施联通

中国在基础设施建设方面具有丰富的实践经验和显著优势，愿意与共建国家合作推进全方位、多层次的基础设施互联互通格局。

在铁路运输方面，中欧班列货物运输类型日益丰富，已成为共建各国运输合作的典范。通过中欧班列，货物可以快速、安全地运输，促进了区域贸易和经济发展。

在航空运输方面，中国已经与多个共建国家实现直航，国内大部分省区市开通了"一带一路"共建国家航班。国内航空公司对"一带一路"共建国家加大运力投放，游客逐年递增，合作潜力巨大。

在能源互通方面，中国致力于打造"绿色丝绸之路"，致力于技术变革和可持续能源发展，积极推动全球能源互联网的建设，实现绿色低碳发展。中国在可再生能源、清洁能源等领域具有丰富的技术和经验，为共建国家提供了合作机遇和发展空间。

通过这些合作和努力，中方为推动基础设施互联互通做出了积极贡献，并为沿线国家带来了实实在在的经济和社会效益。

3. 贸易畅通

共建"一带一路"倡议有效加强了中国与共建国家在基础设施互联互通领域的合作，推动资金和技术的流通，减轻了贸易成本，推动中国与共建国家贸易进程升级。贸易合作机制建设硕果累累，比如建立了多边和双边贸易合作机制、次区域合作、经济走廊、产业园区、政策对接和博览会等多种形式的合作机制。同时，中方创新贸易方式，推动了跨境电子商务等新业态和新模式的发展。与多个国家建立了双边电子商务合作机制，在金砖国家（巴西、俄罗斯、印度）等多边机制下形成了电子商务合作文件，推动"丝路电商"合作不断发展。中国通过扩大对外开放和主动扩大进口，为贸易畅通的发展做出贡献，这包括自由贸易试验区和自由贸易港的建设、上海进口贸易博览会的举办，以及关税水平的多轮下降和更多层次的降低，平均关税水平从加入 WTO 时的 15.3% 下降了一半以上。

4. 资金融通

中国政府采取多种手段努力推动资金融通，为"一带一路"共建国家和地区提供更直接、更充足的金融支持。中国积极推动与共建国家的银行和国际金融机构开展跨境金融合作，实现金融要素的跨境流动匹配，并拓宽双边资本融通渠道。同时，与多个国际金融机构达成合作意向，共同加大对基础设施和互联互通项目的支持力度。为促进共建国家的工业发展规划、基础设施升级改造和工业园区建设等提供支持，中国出口银行与联合国工业发展组织签署了《联合声明》。

同时，中国国内金融机构积极开展国际投融资合作。例如，与奥地利等国签署了共建"一带一路"银行合作行动计划，与菲律宾政府签署了《促进中菲中小企业跨境贸易与投资战略合作协议》等 8 份合作文件。随着人民币逐渐成为国际储备货币，人民币离岸市场规模不断扩大，跨境业务种类更加丰富。这为共建"一带一路"倡议提供了基础。如果共建国家与中国的进出口贸易大量使用人民币计价结算，将大幅提升人民币在全球贸易中的结算份额。

5. 民心相通

千年来，民心相通贯穿着丝路的历史，并为各国和地区所共享。在共建"一带一路"倡议中，中国要发扬传统的民心相通力量，让历史记忆在今天重现。共建"一带一路"沿线国家人口多达到数十亿，这涉及各国历史传统和社会制度的差异。因此，中国需要开辟多元文明沟通的无形通道，这需要坚定不移的决心和持续的努力。

首先，为了加强人文交流，促进民心相通，中国在保护世界文化多样性的前提下，加强各国之间的交流与沟通。通过多种文化交流形式，例如，共建"一带一路"中华文化的全球艺术巡展，将《千佛图》《大美泰岭》等一系列艺术作品带向世界，真正向共建各国人民展示中国文化的魅力。同时，通过开设国际学校，如天津中德应用技术大学，吸引共建国家的学生来体验中华文化的浓郁氛围，并将所学技能直接应用于共建"一带一路"倡议项目中。

其次，通过国际合作推进民心相通是十分重要的。在 2017 年的共建"一带一路"倡议高峰论坛上，中国向共建国家提供了价值人民币 20 亿元的粮食支持，以缓解食品短缺问题，提高农业生产水平，帮助改善当地人民的生活。同时，中方还向共建国家提供"丝绸之路"奖学金名额，鼓励学生和学者来中国进行学习和研究交流。

最后，统战力量有助于民心相通。统一战线是中国共产党取得胜利的法宝之一，也是实现民心相通的基本方法。海外华人一直保持着爱国热情，总是在国家发展困难的时候伸出援手。在这个背景下，海外华人是中国与共建各国民心相通的纽带。因此，与这一群体达成共识，利用其在海外的影响力来推动共建"一带一路"倡议非常重要。

五、合作机制

当前，全球经济一体化发展加速，各地区合作蓬勃兴起。我们将积极利用现有的双边和多边合作机制，推进共建"一带一路"倡议，推动区域合作蓬勃发展。

加强双边合作，开展多层次、多渠道的沟通和协商，推动双边关系全面发展。推动签署合作备忘录和合作规划，打造一批双边合作示范项目。建立完善双边联合工作机制，研究推进共建"一带一路"倡议的实施方案和行动路线图。充分发挥现有的双边合作机制，协调推动合作项目的实施。

强化多边合作机制的作用，充分发挥上海合作组织（SCO）、中国—东盟"10+1"、亚太经合组织等现有多边合作机制的作用，加强与相关国家的沟通，让更多国家和地区参与共建"一带一路"建设。

继续发挥共建各国和次区域相关国际论坛、展会以及各种合作平台的建设性作用。支持共建国家地方和民间在挖掘共建"一带一路"历史文化遗产方面开展合作，联合举办专项投资、贸易和文化交流活动，办好丝绸之路国际文化博览会和丝绸之路国际电影节。

第二节　共建"一带一路"倡议的重大意义

一、共建"一带一路"倡议彰显了中国身处世界百年变局中的担当

当前，经济全球化进程遇到困难和挑战，保护主义和单边主义抬头，地缘政治紧张局势加剧，全球经济增长乏力，发展差距日益加大。在这种背景下，中国积极提出共建"一带一路"倡议，这一举措彰显了中国在全球事务中的担当。这种担当体现中国愿意与共建国家分享自身发展经验和技术，推动区域经济一体化进程，推动共同繁荣和增加民众福祉。习近平总书记在党的十九大报告中明确指出，中国坚持对外开放的基本国策，致力于打造国际合作新平台，为增添共同发展新动力而努力。作为拥有 14 亿人口的大国，中国的发展本身就对世界做出了巨大贡献。而如今，中国已成为世界第二大经济体，但并未只关注自身利益，而是乐意与世界分享发展成果和经验，为全球发展提供更多中国方案。

首先，在文化层面上，中国展现了担当。中国追求"天下为公""己欲立而立人，己欲达而达人""协和万邦""和而不同"的理念，以坚定的文化自信推动共建"一带一路"倡议。其次，在经济层面上，中国扮演了重要角色。这一倡议追求的是"一花独放不是春，百花齐放春满园"的共同发展理念，力求实现共商共建共享的合作。中国致力于推动全球经济的繁荣与发展，通过投资基础设施建设、贸易便利化等实际行动，为地区乃至全球的经济合作做出积极贡献。最后，在政治层面上，中国也显示了有担当的态度。共建"一带一路"倡议的最终目标是推动构建人类命运共同体，体现了中国积极参与全球治理的愿景和责任感。通过倡导平等、互利、共赢的合作理念，中国努力推动建设相互尊重、相互信任、共同发展的合作关系，并通过政治对话和合作，促进地区乃至全球的和平与稳定。

二、共建"一带一路"倡议是中国推进全方位外交布局的顶层设计

党的十九大报告指出，我国在过去五年里全面推进了具有中国特色的大国外交，形成了全方位、多层次、立体化的外交布局，为我国的发展创造了良好的外部条件。在这一布局中，实施共建"一带一路"倡议成为我国全方位政治经济外交的顶层设计，具有重要意义，可以进一步提高我国的国际影响力、感召力和塑造力。

共建"一带一路"倡议经历了国际上从抵触、怀疑到赢得全球100多个国家和国际组织的热切支持与回应的转变。现在，共建"一带一路"倡议已被纳入联合国大会、安全理事会、亚太经合组织、亚欧会议以及大湄公河次区域合作等国际组织的关键文件。共建"一带一路"倡议成为深受欢迎的国际公共产品和国际合作平台。党的十九大将推进共建"一带一路"建设写入党章，为中国与其他各国携手构建新型国际关系，构建人类命运共同体、注入强劲动力。共建"一带一路"倡议顺应时代趋势，与中国共产党的核心目标和价值观是一致的，也符合全球各国人民的利益。而且，共建"一带一路"倡议还具有团结各方广泛合作意向与行动的共同价值观。

总之，共建"一带一路"倡议作为我国全面外交布局的顶层设计，在提升我国国际影响力、感召力和塑造力方面具有重大意义。倡议赢得全球诸多国家和国际组织的热烈支持，取得了显著成果。同时，这一倡议也契合中国共产党的宗旨和价值观以及各国人民的利益，成为一种具有广泛合作意愿与行动的共同价值观。

三、共建"一带一路"倡议是推动形成全面开放新格局的重要载体

党的十九大报告强调，共建"一带一路"倡议是推动形成全面开放新格局的重要载体。此举将继续推动我国对外开放的全面升级，实现中国与世界经济有效互动。该倡议以共商、共建、共享为原则，坚持"引进来"与"走

出去"并重,加强创新能力开放合作,旨在形成海陆内外联动、东西双向互济的开放格局。

共建"一带一路"倡议是一项重大举措,通过促进有效供给的提升来催生新的需求,为全球经济复苏提供了新的动力和平台,特别是在世界经济由低迷走向复苏的过程中发挥了积极的推动作用。该倡议推动巨大的产能和建设能力在适应形势的情况下走向国际市场,支持共建国家推进工业化和现代化进程,提升基础设施建设水平,促进实现多层次的互联互通。这不仅为世界经济的平衡发展提供了新的动力,同时也为中国与其他国家之间的合作提供了重要平台。

四、共建"一带一路"倡议是解决中国发展中诸多矛盾的重要举措

一方面,中国的国情十分复杂,具有独特的特色。中国人口众多,国土辽阔,资源丰富,但在土地、水、矿产、能源等方面的人均资源相较于世界平均水平存在差距。庞大的人口基数导致资源分配紧张,能源供应紧缺,同时生态环境也逐渐恶化,给中国的可持续发展带来了挑战。此外,国际金融危机对中国经济所依赖的市场环境提出了挑战,由于供求矛盾导致的传统制造业产能过剩问题亟须解决,产业发展需要进行转型升级。

另一方面,中国企业需要实施"走出去"战略,与世界经济积极互动和深入融通。当前的经济形势要求企业加快步伐,既要符合宏观经济稳定的需要,也要适应经济发展方式转变的节奏。然而,历史原因和现实因素使得中国企业在"走出去"方面缺乏经验,起步较晚;同时,也缺乏相应的政府引导。此外,由于缺乏针对性的金融服务,企业无法有效识别"走出去"的风险。因此,目前企业在"走出去"方面的广度和深度还有待提高。

国际市场对于中国企业的发展至关重要,但如果企业缺乏明确的方向和定位,就容易面临严重的风险和挑战。因此,政府在提供政策方向和服务时应该发挥正确的引导作用,精确研究全球投资需求的规模和领域,确保企业获得准确的信息。同时,简化对外投资审批流程,方便企业开展境外业务。

中国面临的人多地少和资源供应不足等问题需要依靠国际资源的支持来解决。当前社会因不合理的产业结构导致了产能过剩等现实矛盾,一方面需要通过调整自身来优化和升级产业结构;另一方面也要依靠国际市场来消化和调节这些矛盾。

五、共建"一带一路"倡议为全球治理提供了中国智慧和中国方案

当今世界面临着频繁的挑战和不断增加的风险,包括经济增长乏力、金融危机影响持续、发展鸿沟加剧、贸易保护主义抬头、地区动荡、恐怖主义蔓延等。这些风险突显了现有全球治理体系中存在的结构性问题,急需新的路径和方向来应对。

作为一个发展中的大国,中国具备能力为改善全球治理体系贡献力量。在应对新的挑战和问题时,中国提议将构建全人类的命运共同体作为全球治理的解决策略,共建"一带一路"倡议正是对这一策略的实际执行。

共建"一带一路"倡议针对各国现实问题和现有治理体系的不足,建立了亚洲基础设施投资银行、新开发银行、丝路基金等新型国际机构,构建了多种形式和渠道的交流合作平台。这一举措不仅有助于缓解现有全球治理机制在代表性、有效性和及时性方面难以适应现实需求的困境,同时也满足了发展中国家,特别是新兴市场国家对改革全球治理机制的现实需求,显著提升了新兴国家和发展中国家的话语权。因此,其是实现全球治理体系朝着更加公正合理方向发展的重大突破。

总而言之,共建"一带一路"倡议为全球治理提供了中国智慧和中国方案。通过建立新型国际机构和多元化合作平台,其有助于解决现有全球治理体系的问题,并提升广大新兴国家和发展中国家的参与度与发言权,推动全球治理体系向更加公正合理的方向发展。

第二章　推动共建"一带一路"倡议
需要文化先行

第一节　文化全球化是文化发展趋势

一、"一带一路"本身蕴含文化属性

共建"一带一路"倡议中的"丝绸之路经济带"和"21世纪海上丝绸之路"确实借用了"丝绸之路"这个词汇，但其并非旨在复原历史上的国际贸易路径。事实上，其吸收了"丝绸之路"的文化精髓，即和平、友谊、交流和繁荣，通过文化的力量，将过去、现在和未来联系在一起。因此，文化是共建"一带一路"倡议的灵魂所在。这恰好是《推动共建丝绸之路经济带和21世纪海上丝绸之路的愿景与行动》所提倡的核心思想。

当今世界经济的显著特征是各国间经济的深度融合，贸易交流已经成为人们生活中不可或缺的部分。然而，人们常常忽视了古代时期亦存在着发达的贸易。在春秋战国时代，古代中国就已与欧亚大陆上的其他国家开展贸易往来。随后，这些商业活动逐步演变为官方主导，甚至达到垄断地步，覆盖区域范围不断扩大，鼎盛时期涵盖了欧亚大陆、北非和东非地区。尽管如此，在过去的历史记录中，并未为这类远距离的国际商贸交往确立明确的称谓，直至德国地理学家李希霍芬于1877年提出了"丝绸之路"一词。其实，"丝

绸之路"最初仅涵盖从中原沿河西走廊、塔里木盆地至中亚和地中海的商业路线，因为在汉唐时期，这条路线上商贸往来的主要物品便是丝绸，故赋予其"丝绸之路"的名字。

"丝绸之路"这个充满历史文化色彩的名词被广大学者接纳并广泛应用于多个场景中。"南方茶路"以及北方的草原贸易路线，甚至自宋、元时期起的海洋贸易路径，其常常都被贴上"丝绸之路"的标签。贸易物品并不局限于丝绸，主要交易货物在不同时期也互有差异。同样，"丝绸之路"不只是古代商业交易的代表词，还被视作中国与欧亚各国文化交流的标志。随着商品和人员的频繁交往，文化逐渐融合，灿烂的文明也因此繁荣。

自共建"一带一路"倡议提出后，各地乘机挖掘"丝绸之路"的历史与文化遗迹，试图在倡议中确立自身地位。尽管这样做存在一定价值，但却忽略了共建"一带一路"倡议对"丝绸之路"内涵的真正理解。实际上，当今的"丝绸之路"已演变为根据当代观察得到的抽象概念的文化符号，而非物理实际的固定路线。另外，在过去的历史中，"丝绸之路"主要出现在和平时期，并伴随着商品和文化的交流，共同创造繁荣。所以，"丝绸之路"的核心理念可归纳为和平、友谊、往来和繁荣。因此，中国政府借助"丝绸之路"这一文化符号，向世界传达"和平、合作、发展、共赢"的理念。

二、文化全球化时代的到来

考察文化全球化通常通过对全球化的认识展开。全球化是一个涉及经济、政治、社会和文化等各个方面的全面互动过程。美国社会学家罗兰·罗伯逊认为，全球化不仅仅是经济、政治或国际关系的问题，而首先是一个文化问题。许多经济产品和现象同时也是文化产品和现象，例如，图书出版、影视、音乐作品、餐饮旅游等。正如美国文化学家多夫曼在《如何解读唐老鸭：迪斯尼卡通的帝国意识形态》中所指出的，可口可乐背后有整个上层建筑的支撑，充斥着各种欲望和行为模式，随之而来的是对现状、未来的社会观和过去的诠释。事实上，经济全球化本身蕴含着经济与文化的紧密联系。对全球化进程的解释应意识到其不是一个单一的状态，更应将其理解为一个复杂的过程。可见，随着全球化，尤其是经济全球化的发展，文化全球化的趋势显露无遗。

1. 文化全球化：经济全球化发展的必然结果

经济全球化必然伴随着文化全球化的产生和发展，这两者密不可分。作为社会的上层建筑，文化必然会反映社会经济的变化，而经济的变化也会反过来影响文化，促使文化发生相应变化。整个人类文化的历史变迁都是在不断适应经济发展水平和模式的过程中发生的。在人类历史上曾经有过四次生产力发展的高潮（农业革命、工业革命、信息革命、当代科技革命），每一次都伴随着人类文化的新发展，这体现了经济与文化之间的互动关系。

进入 21 世纪后，经济全球化带来的商品、服务和资本的跨国流动推动着民族文化突破地域和模式的限制，向全球化发展。

随着经济全球化的推进，不同民族和国家之间形成了许多相似或相同的文化观念，为不同文化之间的沟通和交流创造了内在基础。现代技术的发展，如信息、通信、交通、计算机、卫星和网络的发展，缩小了世界各国之间的距离，开启了人类社会文化交流的新时代。人们可以接收来自世界各地的消息，可以通过电视观看国际社会发生的各种事情和图像，可以随时随地与国外的人或外国朋友交流。这些技术为文化的交流和传播创造了条件。正如托夫勒所说，"将特定信息限制在国界内或排斥它变得更加困难"。随着各民族和国家在文化领域的合作与交流日益广泛和繁荣，文化共性逐渐超越各民族的文化个性，成为全球意识的重要表现。正是经济全球化的加速推动了世界多元文化的碰撞和融合，使人类文化进入文化全球化的新时代。

经济全球化是文化全球化的基础，而文化全球化则是经济全球化的必然结果。在日常生活中，可以明显感受到文化全球化的趋势。在国内，喝着可口可乐、品尝着麦当劳快餐、欣赏着好莱坞电影；在国外，在唐人街漫步，看到外国人学习中医、练习太极拳、欣赏中国功夫。现在，很难找到一个完全不受外来文化影响的民族文化。各个民族的文化面临着共同的现象和问题，彼此的交流和对话变得越来越频繁、深入，这明确显示了文化全球化趋势的存在。

2. 关于文化全球化问题的争议

文化全球化是经济全球化进程的必然产物，其是一种客观现象。然而，在学术领域关于文化全球化的定义存在争议，主要集中在文化的同质性与文化的多样性上，形成了两个典型的观点。

（1）文化趋同论

文化趋同观点主张，在美国大众文化或西方消费主义的影响下，全球文化处于同质化的趋势中。由于全球互动和影响逐渐深化，不同文化背景下的价值观和生活模式在交融中趋于相似。支持这一理论的学者强调经济全球化在推动文化一体化上的作用，主张以美国或西方的文化模式作为世界文化的标准。换言之，趋同论认为文化亦趋向"西方化"或"美国化"。更具体地说，趋同论指的是西方文化对非西方文化的塑造、强势文化对弱势文化的压制，以西方为中心推动文化霸权，实现文化殖民化。

文化趋同论存在争议。有人认为文化多样性仍然存在，并且对于保护和传承本土文化是非常重要的。此外，文化并不仅仅受经济全球化的影响，还受到其他因素的影响，如历史、宗教、地理等。因此，趋同论的观点可能过于简化和片面化。在全球化的进程中，应该尊重和促进各种文化的多样性和交流，以实现文化的共生共存。在全球化的背景下，世界文化的确呈现出越来越相似的趋势，主要表现为：发达的西方国家试图推广自己的文化价值观以符合其经济强国地位，并希望全世界接受他们的文化。同时，非西方国家，尤其是第三世界国家，也自愿接受西方文化和价值观念以实现现代化目标。这导致西方文化和价值观逐渐渗透到其他国家并扩展到全球。

笔者持有的观点是，虽然在文化全球化过程中一定程度的同质化现象是存在的，但这并不意味着全球化必定导致文化趋同或者西方化。事实上，从文化的决定性特点、历史演进及现实状况来看，同质化派的观点都难以站稳脚跟。首先，从文化的本质来看，文化是极具地域性的，这是不可逆转的，其自然具有排他性。要让某种文化在其他地区扎根并改变当地人的文化观念是极其困难的，即便某些元素被保存，也很难顺利地保持其原本特色。人对于事物的认知和理解是源自他们长期积累的文化观念，文化过滤器使得事物从特定角度进行解析，因此，文化的变迁并非就是简单的西化过程。其次，历史经验表明，尽管历史上出现过多次的文化交流和融合，但并未发生完全消灭本土文化的情形。所有的文化都保留了各自的特色和活力。最后，在实际角度上，那些被认为成功被美国价值观改造的国家并不全然与美国体制同步。与美国拥有相似的文化背景的国家并未完全继承美国的特色，也并不意味着与美国完全没有矛盾和冲突。以第二次世界大战后的日本为例，虽然在美国价值观的指导下，日本确立了民主制度，但是，受美国影响的日本政体与美国并不完全相同。尽管日本同样建立了民主政府，但实质上存在显著差异，日本采用了议会制，而美国则应用的是总统制。另外，虽然在改革过程中，日本接纳了许多西方价值观系统，然而日本的社会构造和家庭价值观在一定程度上仍受到了传统日本道德和文化的影响。所以说，由于历史、文化和社会等方向引发的差异，日本的民主制度与美国的并不完全相同。

（2）文化异质论

萨义德在他的著作《东方学》中指出，非西方文化与西方文化在本质上有所不同，这种文化力量的对立导致世界分裂，人们会因此看待彼此。因此，文化全球化往往表现为西方文化与非西方文化之间的对抗。塞缪尔·亨廷顿的"文明冲突论"更是异质论观点的典型代表，他强调世界历史的发展将加剧不同文明之间的差异和冲突，主张通过区域化（如欧美一体化）来应对，以此维护和保护西方文明。

文化异质论的产生与当时的国际环境密切相关。在 20 世纪 80 年代末至 20 世纪 90 年代初，随着苏联解体和东欧剧变，世界来到了所谓的后冷战时代。在这个阶段，除政治、经济和军事领域之外，文化冲突在全球形势中产生了越来越重大的影响，这已成为一个不容忽视的事实。文化多样性论者关注文化间的差异与冲突，并相信这些差异与冲突将长期存在，在全球化过程中发挥着越发重要的作用。然而，他们往往忽视了文化的相互交流与融合，过分强调分歧与摩擦。这种立场显得具有预测性，导致人们误认为文化与文明之间的冲突不可避免，甚至觉得开战是历史必然。

　　笔者认为，文化异质论或文明冲突论实质上旨在维护以美国或西方文化为核心的观念。首先，事实上，不同文化并非造成人类冲突的根本原因，而是世界文化交融的起源和终点。人类文化的发展史是一个相互依赖、包容共存、持续交流与进步的过程。西方文明本身就涵盖了许多文化成果。欧洲文艺复兴不仅恢复了希腊罗马文明，还吸纳了阿拉伯、印度和中国的文明。中国的四大发明传至西方，刺激了航海、军事和印刷技术方面的变革。欧洲启蒙运动的倡导者们也从中国文化，特别是儒家思想中汲取了"以人为本"的理念。日本受到中国儒学的影响也是广为人知的。中国文化持续崛起并走向世界，其间也吸收了世界先进文明。其次，趋同论和多样性论都是对文化全球化的片面理解，因为在文化全球化进程中，同质化和多样化是相互联系、共生的。一些学者意识到了这种片面性，并提出了融合论的观点。例如，费瑟斯通主张融合论，认为文化全球化可能催生一种全新的、融合多种元素的第三种文化。这种观点主张全面审视文化交融，强调文化间的整合。

　　文化全球化是一个复杂的问题，学术界对此存在不同观点。其中的差异主要与西方国家的文化战略有关。虽然文化平等交融和流动是文化发展的自然需求，但由于经济力量和文化基础设施的差异，不同文化之间的交流往往被强势文化视为征服或兼并弱势文化的机会。西方国家借助经济全球化的物质条件，试图在经济、信息技术和国际互联网方面进行文化扩张，输出其生活方式、价值观和政治制度，以推动西方文化的全球化。这种推动使得文化全球化呈现出复杂态势，也引发了对于文化全球化的争议。此外，人们对于文化全球化的理解往往缺乏辩证的态度。文化全球化是一个运动和差异的动态过程，体现了一种关系。文化全球化体现了民族因素和世界因素的相互渗透、相互理解、相互发展。因此，对于文化全球化的认知不能简单采取非此即彼的态度和本质主义的定位，而应始终持辩证的态度。

　　应该将文化全球化视为一个不断变化的运动的过程，其中存在着各种复杂的矛盾，其是矛盾的统一体。只有以动态思维和辩证分析的方法来认识文化全球化，才能获得正确的理解。

三、文化全球化：一个正在进行的矛盾过程

文化全球化是一个充满复杂矛盾的过程，融合与冲突并存，构成了一个矛盾的统一体。这种矛盾普遍存在，但各民族文化又具有特殊性，既具有全球性，又保留了各民族特有的文化属性。因此，文化全球化可以被理解为在尊重和保护文化个性的基础上，推广和发扬人类共同的文化。这是一个在保持差异性的前提下，促进人类文化相互交流和融合的过程，同时也是文化多样性和文化统一性的双向互动。

1. 文化全球化的内在矛盾

（1）冲突与融合同在

文化全球化是文化发展的一种独特现象，其既包括不同文化的融合，也包括文化冲突。在全球化的过程中，各国的文化交流和互动不断增加，这导致不同文化之间的差异和特点变得更加明显，从而引发了文化冲突。然而，这种冲突并不一定是消极的，也可以促进文化的多样性和发展。因此，在面对文化全球化时，应该采取开放、包容的态度，尊重并欣赏不同文化的特点和价值，以实现文化的共同发展和繁荣。1993年，塞缪尔·亨廷顿在《文明的冲突与世界秩序的重建》一书中将人类社会特别是不同地区的发展归结为文化冲突，这一观点引起了广泛关注和讨论。文化冲突的概念被广泛运用于各个领域，成为热门话题。文化冲突包括同质文化之间传统与现代、继承与发展之间的冲突，以及异质文化之间吸收与排斥、取舍之间的冲突。在文化全球化过程中，不同文化相互对抗和竞争的一面得到展示。这种冲突既是文化差异的本质所致，也受政治、经济等因素的影响。尽管文化冲突不可避免，但在文化全球化的框架下，可以通过促进文化对话、互鉴和包容来缓解并化解冲突。只有尊重和理解不同文化的特点，才能实现文化融合和共存，推动文化全球化朝着更加和谐、平等的方向发展。

文化融合是不同文化形式相互交流、相互促进的过程。其与文化冲突形成对比，强调的是在人类文化发展过程中不同地域文化形式之间的共同点，是人类文化发展的主流趋势。文化融合早已存在于历史中。例如，在古希腊

文化和古罗马文化中，地中海地区欧洲、亚洲和非洲各民族的文化融合成果十分显著。这一地区是连接三大洲的重要交汇点，因此，其自古以来就是不同文化交流和相互影响的中心。在古希腊文化中，东方与西方的接触不仅是贸易和军事征服，也涉及了知识、哲学、艺术和宗教等领域。希腊哲学家们受到了古埃及和古波斯的影响，将其思想理论与外来文化相融合，形成了独特的文化观念。此外，罗马帝国的兴起将多种文化和民族整合到一个庞大的帝国中，进一步促进了文化的交流和融合。地中海地区的文化融合反映在建筑、艺术、语言和宗教等方面。建筑方面，古希腊和古罗马的建筑风格融合了古埃及、古波斯和古巴比伦的元素，创造出独特的古地中海建筑风格。艺术方面，古希腊和古罗马对绘画、雕塑和戏剧等艺术形式的发展产生了巨大影响，并与其他地中海文化交流互动，形成多元的艺术风格。语言方面，拉丁语作为罗马帝国的官方语言对欧洲语言产生了深远影响，并与古希腊语和当地语言相互借鉴和融合。宗教方面，古希腊和古罗马神话与埃及神话、波斯宗教和犹太宗教等融合，影响了之后的基督教和伊斯兰教的形成。可见，在当今文化全球化的进程中，不同国家、地区和民族的文化以开放的态度积极对话，相互交流推动彼此的发展，文化融合的趋势不断加快。

文化冲突和文化融合始终紧密相连。从各个民族文化的发展过程中可以看出，不同文化之间既存在矛盾冲突，也存在融合互补，这是世界文化发展的重要规律。在文化全球化时代，文化融合并非一帆风顺，而是充满对立和冲突。西方国家试图在其他国家推广自己的体制和文化，而发展中国家出于国家利益、民族文化和宗教情感等方面的考虑，力求保持本土文化特色，与西方文化有所区别。文化全球化是在人类文化相互冲突和相互融合的张力中发展起来的。文化冲突和文化融合相互推动，促使全球范围内的文化流动。全球化的文化是在冲突中融合，在融合中冲突，反映真实的状况，缺一不可。

（2）普适与独有并生

在文化全球化的过程中，普适性和特殊性的关系是一个重要的问题，其反映了共性和个性之间的关系。普适性指的是文化的普遍性,即一些文化元素在不同的文化背景下都普遍存在和被接受。特殊性指的是文化的特殊性,即一些文化元素只存在于特定的文化传统中。普适性和特殊性的并存,强调两者既相互对立又相互统一的关系,共同构成了丰富多样的文化景观。

文化的普遍性和特殊性的关系在人类文化发展中始终受到关注。不同民族文化在其发展和文化交流中都面临如何处理这一关系的问题。然而,全球化时代的到来使得这一关系更加突出,并呈现出新的意义。在全球化的文化体系中,国际传播涉及的普遍性文化内容成为重要方面,因为其代表着人类共同的价值观。同时,地方性、多样性文化也在保持其独特性方面表现出坚持的一面。这两者之间的矛盾形成了文化全球化时代的一个悖论。美国专家罗兰·罗伯森对全球文化进行了深入研究,他曾用"特殊性的普遍化和普遍性的特殊化这一双重过程"来形容这种现象。

特殊性的普遍化指的是特殊的事物被赋予普遍的意义,这有助于各民族文化在文化全球化时代保持独立性,维护国家的文化主权。普遍性的特殊化则指的是普遍的事物渗透到特定的地方性文化中,有助于扩展共同的文化价值观,形成共同的全球观念,解决全球性问题。特殊性的普遍化和普遍性的特殊化是文化的两个不可分割的方面,二者相互补充、相互渗透。

在保持各自民族文化特殊性的前提下,各民族文化的发展应积极地参与全球文化交流,并强调人类共有的文化价值观。分析二者之间的关系时,务必避免以下两种倾向。一方面,不应过分强调文化的普遍性,将"普遍价值"或"全球伦理"作为理论基础,可能导致文化霸权主义和文化专制主义。这种思维忽略了各民族间的文化差异和特殊需求,最终可能导致文化多样性的消失以及人们的同化。另一方面,不应该片面夸大文化的特殊性,以致以文化多元化为理论前提,实施文化保守主义和文化封闭主义。这种倾向容易导致对外来文化的排斥和对其他文化的敌视,限制了个体和社会对于外部文化的交流和学习。因此,应该积极参与全球文化互动,接受其他文化,吸收各种文化中的优秀成果,丰富自己的文化内涵。

由此可见，文化的普遍性和特殊性应该互相促进，既要坚持本民族文化的独立性，也要积极参与全球文化互动。只有如此，各民族文化才能得到有效保护与发展，人类文明才能实现真正的多元共存和共同进步。

（3）民族与世界共存

在全球化进程中，文化展示出普遍性与特殊性的对立和统一。这种关系导致在文化全球化中，总是存在着民族与世界这两个充满紧张而又相辅相成的因素，即民族性和世界性的并存。

文化的民族性表示的是基于地理环境、实践形式、认知方式以及情感经历等方面形成的独特内容。这不仅是每个民族生存和进步的象征，也是民族及其文化的根基。各民族通过将自然条件和社会条件相结合并进行创造，形成了共同的价值观念、信仰、行为规范和活动方式，从而保障了民族的生存和发展。这些独特性使得每个民族的文化与其他民族有明显的区别。

文化的全球性反映了人类超越自然的能力，是历史经验的积累形成的相对稳定的东西，具有文化的意义和价值。尽管各民族的文化扎根于自身的土壤，具有独特的时空条件和范围，拥有自己的个性特征，但这些个性特征仅仅是相对的。不论民族文化多么独特，都是对人类实践方式、生存方式、行为方式以及思维方式的概括和总结，在某种程度上反映了人类实践的共性。真正的民族文化的精髓必然融合了世界性的元素，正如鲁迅先生所说："越是民族的，就越是世界的。"

在某些论述中，全球化被描述为将民族文化转变为世界文化的单向过程，这种思维非常片面和静态。需要从这种静态思维转为双向动态思维，将文化全球化视为一个从民族文化向世界文化，以及从世界文化向民族文化的双向循环和不断交互的过程。因此，在特定时间点，只能说某种文化具有更多民族因素或更少世界因素，或者更多世界因素或更少民族因素，并不能说只有民族因素或世界因素。这样看来，文化全球化是一个不断变化的过程，是世界与民族融合共存的过程。

2. 文化的多样性和统一性问题

文化全球化涵盖了各种复杂的矛盾，其是一个统一体中存在的各种矛盾的集合。在理解这些矛盾的过程中，不能忽视文化的多样性和统一性的问题。文化的多样性和统一性一直是人类文化发展历史中存在的问题，在文化全球化的背景下变得更加突出。

文化的多样性源于历史发展，地球上存在多种文化，甚至在有记录的历史之前就已经存在。文化多样性本身就是全球化的一个重要特征，正如罗兰·罗伯森所说："全球化本身就会带来变异和多样性，在很多方面，多样性是全球化的基本特征之一"。然而，历史上的文化多样性与现在全球化时代的文化多样性存在显著差异。前者更多地是在封闭条件下存在的多样性，各个文化单元相互隔离，表现为不同地方社会集体的行为和物质特征。而对于后者来说，这种隔离的多样性正在被打破，文化的趋同性不断增强。一方面，代表人类共同利益和需要、共同遵守的文化价值观已经形成，并不断地传播到不同的民族文化和地方文化中。另一方面，各种各样的文化之间的相互接触、交流和影响比以往任何时候都更加频繁。在文化全球化时代，多样性的文化在与外界的交流和接触中不断丰富和强化，获得新的发展因素和生命力，从而推动全球文化体系向多元而统一的方向发展。

在全球化的文化背景下，平衡一致性与差异性的关系成为全球文化发展的关键任务。文化是社会特色要素的总和，各种文化都有其存在的合理性和必要性。因此，在全球化的文化背景下，应尊重文化多样性。与此同时，不同文化应学会交流互动，观察及分析来自其他社会的文化现象，实现相互影响与合作，追求人类共有的文化价值观。

正确处理文化多样性与统一性的关系是思考民族文化与世界文化之间关系的重要问题，也是制定适合本民族文化发展的文化战略所需考虑的要素。在文化全球化的进程中，民族文化的前景应该是在坚持独立性的基础上积极参与其中。这意味着既要保护和传承本民族的独特文化传统，也要开放包容地接纳世界各种文化带来的交流和影响。只有在这样的基础上，才能为民族文化的发展找到一个和谐统一的方向。因此，要在文化发展战略中注重平衡，在坚持本民族文化特色的同时，积极融入和借鉴其他文化的优点，实现文化的持续繁荣与发展。

第二节　机遇：中国文化在全球受益

中国文化，也称为中华民族文化，是指在几千年的发展历史中，中国各族人民所形成的稳定的生活方式。其是在特定的自然环境、经济形态、政治结构及意识形态的影响下，民族情感和民族意识的积累，以及民族精神、价值取向等方面的凝聚和体现。

中国文化是世界文化的重要组成部分，其是在与其他文化进行互动和交流的过程中逐渐发展起来的。正如列宁曾经指出："我们必须获取资本主义所留下的全部文化，并将其用于社会主义建设。我们需要获得所有的科学、技术、知识和艺术。否则，我们将无法建立共产主义的生活。"马克思主义也是在综合人类知识的过程中产生的典型例证。改革开放政策的实施使中国文化能够更广泛地吸收世界上的优秀成果，并以更开放的心态参与文化全球化的进程。这种开放与包容的文化观有助于丰富和拓展中国文化的内涵，也推动了文化全球化进程中的相互理解与共享。在共建"一带一路"倡议下，中国积极推动文化交流，通过对丝绸之路等历史文化遗址的保护与传承，促进不同文明之间的对话与互鉴。同时，中国的传统文化也得到了许多国家和地区的认同与欣赏，如中医药、太极拳、中国书画等成为国际社会关注的热点。

总之，共建"一带一路"倡议为中国的文化走向世界提供了广阔的舞台，也为世界各国文化的多样性和互相融合提供了契机。通过开展文化交流与合作，共建"一带一路"倡议为全球的文化受益提供了新的框架和机制。

一、中国文化发展出现新动向

在共建"一带一路"倡议的推动下，中国文化受到了巨大影响。中国文化在与世界其他文化的交流和对话中，通过取长补短，取得了发展和进步。这种新动向是中国文化发展的一个良好趋势。

1. 从封闭走向开放

在共建"一带一路"倡议背景下，中国的文化在开放的环境中不断发展。

全球化使得中国进入了一个前所未有的开放时代，对外开放塑造了中国与外部世界的互动关系。这意味着中国的文化已不再是封闭自给自足的，而是一个融入开放互动的文化全球化网络中的民族文化。

首先，通过中国本土文化和外国文化的互动，中国人开始展现对异域文化的开放态度。他们摒弃了以前的狭隘、保守和自视过高，明白了世界上还有其他不同的文化存在。对新事物给予更为理性的态度，热衷于掌握新知识，并积极接纳、仿效和学习来自外国的先进理念。伴随着改革开放和创新意识的增强，中国更好地融入世界现代化趋势，与全球紧密相连。他们对待外来文化的态度越来越理智和辩证，能够平等地看待异域文化。逐步学会辨识外来文化中具有人类共享、继承和整合的积极文化成果与消极影响，区分对待，而不是一律排斥。在共建"一带一路"倡议下，对外国文化开放的立场成为中国文化生存和发展的重要条件。

其次，共建"一带一路"倡议助推了中国文化与文化全球化趋势并行，推动中国文化向更开放的路径发展。近代中国文化在与外来文化的接触中，显现出巨大的包容性，不断汲取来自外界文化的精华。自19世纪末"戊戌变法"开始，经过半个世纪，主要融入了西方的民主和科学理念；自20世纪70年代末开始，主要接收的是市场与法制的观念，其中蕴含了许多重要内容。中国文化已形成一个庞大的系统，包含了极为复杂的元素，既有深厚的古老文明的沉淀，又有20世纪的内外斗争和革命建设的成绩与教训，还有改革开放以来积累的丰富成果及从海外汇聚的各种因素。随着信息技术的演进，电话、电脑的广泛应用和互联网的普及，人际交流的距离不断减小，各种文化之间的交接也越来越频密。这进一步增强了各种文化体系间的理解，为中国文化向更加开放的方向发展提供了可能性。

中国的文化历程体现了从封闭走向开放的转变，随着共建"一带一路"倡议的推动，中国文化的进一步开放成为必然之势。通过进一步的对外开放，可以更加理性和坚定地吸纳与融入外来文化中的有益元素，赋予国家文化新的活力，促进中国文化的迅速发展。

2. 从传统走向现代

中国文化经历了数千年的历史，在封建社会的背景下逐渐形成。然而，在近代社会中，随着全球化时代的到来，中西方文化之间的碰撞逐渐加剧。中国文化受到来自政治、经济和文化等多个方面的冲击和融合，逐渐走向现代化。

传统文化是人类文明的基础，但随着时代的进步，文化的内容自然会不断更新。在中国文化发展的各个阶段，都会有新的元素不断融入，使其内容变得更加丰富多样。传统社会中，儒学一直充当着道德和精神支柱的角色。然而，新文化运动对旧文化进行了批判，革命运动对旧思想进行了冲击与清洗，现代观念对旧有意识进行了颠覆，这使得儒家教诲在一定程度上失去了作为辨别是非的准则和捍卫旧世界的功能。然而，这种转变代表了一种进步。

中国文化具有深厚的传统价值观和历史底蕴。其中，传统价值观有自强不息、厚德载物、己所不欲勿施于人、兼容并包、和而不同等，一直是中国文化的优良传统。通过科学解读和创造性转化，这些传统可以与现代时代精神相结合，并成为当代中国文化建设的重要资源。在近代历史中，中国反抗外来侵略，维护民族独立；我们学习西方先进文化，争取科学、民主、自由；我们追求独立自主，自力更生，这些都留下了宝贵的文化遗产。改革开放以来，在经济、教育、政治等多个领域的改革推动下，逐步形成了具有中国特色的社会主义文化，铸造了新的民族精神。

现实生活离不开历史文化，如果失去传统，社会终将面临困惑。为了使我国传统文化实现现代化转型，需要将民族文化传统中的优秀元素转变为具有全球意义的文化价值资源。在跟上文化全球化的步伐时，要持续不断地更新和发展自身文化，同时保留传统文化的特色。这样可以为世界文化进步做出独特的贡献。

中国文化迈向现代化的道路是历史发展的必然要求。尽管道路上会遇到坎坷，但最终必定会实现。随着文化的全球化发展和对外交流的增加，中国拓宽了视野，对文化发展的规律有了更深刻的认识。克服中国传统文化现代化中的各种障碍因素将逐渐实现，中国文化的现代化进程必将加快推进。

二、中国文化发展生成新形态

共建"一带一路"倡议推动了人们思想理念和价值观的解放，展示出多元化的态势。外国文化的不断融入，新式的文化形态在中国涌现并取得成长，进一步丰富和激励了中国文化的发展进程。

1. 从本体角度看，市场文化更加繁荣

市场文化是一种与市场及市场经济密切相关的文化现象，其随着市场经济的形成和发展而诞生，并与之融合。市场文化主要描述的是人们在商品交换、商业、贸易、流通、营销等活动过程中形成并影响这些活动的思想理念、价值观念、行为理念、伦理道德等精神文化价值。市场文化具有经营化、消费化和娱乐化等明显的时代特性，其不仅是衡量生产发展水平的一种方式，同时也是消费文明的象征。在现代社会中，市场经济深入每一个领域，使得市场文化无时无刻不在周围。

从全球来看，无论处于资本主义还是社会主义的社会环境，人类社会普遍选择市场经济作为发展模式。市场经济的影响深入每一个社会生活领域，包括文化领域。当市场经济与文化相结合时，文化市场就出现了。在共建"一带一路"倡议的推动下，文化交流和文化整合促进了文化市场化的繁荣，使得文化的市场化程度逐步加深。

在共建"一带一路"倡议下，市场文化紧紧围绕着市场经济活动展开，把经济领域与文化融为一体，充实了文化的经济成分。例如，市场文化倡导的基本价值观念就是质量、效益、竞争和时间，这些与市场经济运作机制相契合，同时也极大地释放了人们的思维，推动了社会进步。

2. 从主体角度看，大众文化更加多样

随着中国改革开放的深入，商品经济开始兴起，尤其是在 20 世纪 70 年代晚期引进海外民众文化之后，中国的大众文化开始兴起，并通过各种方式和途径进入到了文化市场。

步入 20 世纪 80 年代的中段，中国的大众文化呈现出旺盛的生命力。其在工业化技术和商品市场经济的环境中诞生，通过各种文化形态来表达民众

的日常生活实践。大众文化依靠传媒系统的传播，以符合民众的文化审美，被广大人民群众接受和参与。民众既是大众文化的消费者，也是参与者和创作者。如果没有民众的创作、接受和参与，大众文化是不存在的。广告美学、民俗文学、主流影视文化、流行歌曲、爵士音乐、餐饮文化、时装文化、在线文化、街头艺术等都属于大众文化的范围。随着现代科技的进步和社会生活的多元化，大众文化的形式也将不断转变和发展。

中国能够发展和形成具有重要影响力的大众文化，并在塑造人们的生活方式中发挥重要作用，其中一个重要原因是中国积极推动共建"一带一路"倡议，吸收了共建国家大众文化中的有益成分。这使得中国的大众文化能够与世界先进文化融合，与时俱进地发展。因此，中国大众文化的未来离不开共建"一带一路"倡议的推动。只有通过与世界各地的先进文化相互融合，中国的大众文化才能更加成熟和蓬勃发展。

3. 从价值取向看，文化更加自信

在共建"一带一路"倡议的推动下，文化自信被视为国家和民族发展的重要力量。维护和弘扬社会主义核心价值体系，尤其是马克思主义的理念，有助于增强意识形态领域的主导地位和话语权。同时，将中华优秀传统文化与现代社会主义核心价值观相结合，促进文化的创造性转化和创新性发展。这包括传承和弘扬革命文化，发展推进社会主义先进文化，以及吸收和融合外来文化元素。通过这种方式构筑中国精神、中国价值、中国力量，为人民提供精神上的指引和支持。

这种文化自信的建设对于共建"一带一路"倡议的成功实施至关重要。文化自信和创新能够增强国家间的文化交流和理解，为合作国家提供更好的引导和互动。同时，展示中国的文化魅力和价值观，有助于吸引更多国家加入共建"一带一路"倡议中，增强共同发展的信心和动力。

因此，在共建"一带一路"倡议下，坚持社会主义核心价值体系对于增强文化自信、推动文化交流与合作，以及促进国家间的共同发展具有重要意义。这种自信源自马克思主义的理念，结合中华优秀传统文化和现代社会主义的发展实践，可以为各国所接受和认同，提供一个共同的价值基础，为共

建"一带一路"倡议的成功实施发挥积极作用。

三、中国文化发展获得新动力

推动共建"一带一路"倡议的过程不仅突破了不同民族之间的边界,还将各民族的文化纳入了广泛的交流和融合。随着中国对外文化的开放,与世界各国、地区和民族间的接触日益增多,文化交流变得更加频繁。许多新技术、新思想、新观念和新理念不断从国际上传入中国,为中国文化的发展注入了新的元素,成为推动中国文化蓬勃发展的新动力。

1. 中国文化发展获得新技术

随着交通和通信技术的迅速发展,文化交流和传播的范围、速度、方式都得到了显著提升,从而进一步加强了文化全球化的趋势。在共建"一带一路"倡议下,新技术在推动当代文化交流与互动方面起到了重要作用。数字化的信息和图像、卫星广播、远程电话系统、新电缆和光纤技术以及计算机与通信网络的结合,都为文化的传播提供了全新的手段。这些先进技术在文化全球化的浪潮下不断涌入中国,得到广泛应用。

当前,西方发达国家妄图在科技上实现垄断已经越来越困难,正如美国微软公司的比尔·盖茨所说:"信息高速公路将打破国界,并有可能推动一种世界文化的发展,或者至少推动文化活动和文化价值观的共享。"借助世界领先的技术手段和国际信息交流的便利条件,能够更好地学习他人的优点,挖掘自身的潜力,发挥自己的优势,不断推动中国文化的发展和繁荣。

因此,在共建"一带一路"倡议的框架下,中国不仅能够获得新技术的转化与应用,还能通过加强国际文化交流,丰富自身的文化内涵,提高文化产业的竞争力,为世界文化的多元发展做出更大的贡献。这不仅是促进经济发展和繁荣的重要因素,也是实现文化交流互鉴、促进人类文明共同进步的重要途径。

2. 中国文化发展获得新观念

在共建"一带一路"倡议下,各民族和国家的文化开始涌入中国,为中国文化带来了广阔的发展空间,并在思想观念方面取得了新的突破。

中国文化吸收了外国文化的精华，并开拓了中国文化发展的全球视野。从 20 世纪 80 年代的人文主义和存在主义理论，到 20 世纪 80 年代中期的技术文化理论，再到 20 世纪 80 年代后期的弗洛伊德和尼采热，以及 20 世纪 90 年代中后期的反理性的现代主义和后现代主义理论。一些外来的概念如知识经济、信息社会、网络时代等已经在我国变得家喻户晓；科学精神、民主意识、法治意识、人权思想、可持续发展思想等被广泛认为是符合人类文化进步方向的观念。人们的竞争观念、时间观念、效益观念和环境观念也得到了大幅提升。这些理论和概念的引入不断促进了中西文化的比较和交流。

在共建"一带一路"倡议的推动下，中国文化积极吸收借鉴其他国家和民族的文化成果，与世界各国进行更为广泛的交流与合作。这种文化的开放和交流不仅丰富了中国的文化内涵，还为世界文明的多样性提供了新的动力。通过与"一带一路"共建国家的文化交流，中国文化得以开展对话和互鉴，成为构建人类命运共同体的重要纽带。

3. 中国文化发展获得新理念

共建"一带一路"倡议为中国文化的发展贡献了全新的观念。在文化全球化和现代化的互相推动中，现代化的思想始终是人们追求的目标。随着文化全球化进程的推进，人们认识到人类文化的主体是全人类，并非过往以民族、国家为核心的方式，文化的共性也应受到关注，而不仅仅是其差异性。例如，当代人类面临的全球性问题，如生态环境、资源、人口问题等，已经超越了任何单一国家的应对能力，这涉及全人类的共同利益，因此，需要全球的一致认知和行动力。在文化全球化的年代，全球意识和全球观念应受到高度重视。

中国文化必须确立全球文化发展理念，在政治和社会领域加强培养共存、对话和合作的理念。这意味着要在传统文化中融入现代化思想，同时也要拓宽文化视野，与其他国家和地区进行交流与合作。通过倡导共存、对话和合作，可以推动文化的多元发展，促进文化的传承和创新。

在现代化理念和全球化理念的影响和推动下，中国文化的发展将迎来更广阔的发展前景。中国能够在文化全球化的浪潮中激发出创造力和活力，丰富中国的文化内涵,同时也能发挥中国的文化优势,为构建人类命运共同体做出更大的贡献。

总之,共建"一带一路"倡议给中国文化发展带来了新的理念,中国需要在全球化和现代化的背景下,加强全球化意识和全球化理念,推动文化的多元发展,为构建人类命运共同体贡献力量。

4. 中国文化发展获得新方法

在共建"一带一路"倡议的推动下,中国文化的发展走向了全新的道路。除了在技术、观念、思维和理念等方面受到文化全球化的影响,方法的创新也是其中的重要一环。在过去四十多年的时间里,中国的文化市场经历了巨大的变迁,在市场运营、产品管理、产品设计等各个领域深受发达国家市场文化的影响。特别是在文化产业领域,部分西方发达国家早已累积了丰富的市场运作经验,其中涵盖了制作、传播、销售、生产和管理等诸多环节。借鉴并学习他们的经验和方法,对于推动中国的社会主义文化事业繁荣发展具有重要的参考价值。

如今,中国的文化公司引入市场经济法则来进行经济管理,并在决策层实施富有深度的"文化"管理模式。在这个模式下,公司重视创造具有特殊文化价值且满足市场需求的产品,并开展高效的市场推广和销售活动。与此同时,企业也重视内部人才的培养和管理,努力提升员工的文化素养和专业能力。这种文化管理手法不仅有助于提升中国文化企业的竞争力,也有助于继承和发扬中国的传统文化,保护文化的多样性。

第三节　挑战:中国文化面对的冲击

文化全球化的演进过程揭示了其双重性。一方面,文化全球化标志着人类文化发展的方向;另一方面,其带有明显的西方中心主义的价值取向。因此,文化全球化的效应也出现双重性。全球化起源并以西方为主导,当今的全球化动力主要源自西方社会内部变革,对于西方文化来说,全球化是一种自我发展之道。然而,对于非西方世界的其他文化来说,全球化更像是一种被迫的过程，进而构造了对话过程中明显的不平等性。中国，作为一个历史文化深厚的国家，是唯一一个文化传承未曾断续的国家。然而，随着与外国文化的深入交流，不可避免地激发了本土文化与西方文化的碰撞，为中国的文化进步带来了多重冲击与挑战。

一、传统文化受到冲击

传统文化是一直延续至今的本土文化，与外来文化形成鲜明对比。经过数千年的历史沉淀，在特定的自然环境、经济体制、政治结构、社会制度以及思想观念的影响下，中国传统文化形成、积聚并传承下来，时至今日仍对当今社会产生深远影响。儒家思想作为留传至今的中华文化，呈现了"大一统"的思想特性。这种思想随着中华文明的生成、构建与进步，逐渐孕育、成熟、完善并得以提升。"大一统"的主要含义可以概述为：兼容并包、追求统一的形态；和谐促使各种元素的协调；追求进步与接纳多元化的态度；强调礼法、敬祖、保卫国家的理念；追求一致性，反对分裂的意识等。

在历史长河中形成的中国传统文化，历经变革与发展，其核心价值观却始终保持连贯与稳定，对中国数千年的稳定治理与繁荣进步产生了深远影响。从鸦片战争爆发开始，中国开始逐步向世界开放，渐渐融入全球市场并打破封闭状态，同时，中国传统文化也被卷入全球化的文化漩涡。然而，两者之间的摩擦和碰撞无法避免。中国的传统文化以农业为基础，倾向于保守、封闭，重视礼仪、道德与合作；而西方文化以商业和工业为主，更加开放、流动，加重知识和理性的发展，重视竞争。

在面临现代开放的过程中，中国意识到自身存在的不足，逐渐改变守旧的观念，更积极地与外界接触学习，吸收西方文化中有价值的成分。在此过程中，中国文化既不是一成不变，也不是低头就束。在吸纳外来文化的同时，中国尽可能去诠释并传递自身的优秀文化，实现多元文化的共存交流。这种开放包容的精神为中国文化的发展与进步奠定了重要基础。

然而，因为发展的失衡，拥有经济和科技优势的西方国家，以其文化霸权对中国古典文化形成挑战。鸦片战争后,中国文化被"全盘否认"和"全盘西化"。从洋务运动到辛亥革命,再到新文化运动等,我们对自己的文化传承几乎进行了深度反思。长期以来,对中国传统文化的评议,更多的是批判,而非继承,否定而非认同,并且缺少反思和总结,使中国传统文化遭受边缘化,并付出了巨大的代价。正如学者楼宇烈所言:中国文化在 20 世纪出现了严重的偏差,西方文化在中国文化中占据着主导地位,而中国传统文化被边缘化了。

二、意识形态受到冲击

意识形态构成社会思想的基础架构,充当社区群和阶级根基利益对社会关系的主观映射的理论结构。这个理论结构涵盖了政治、法律、哲学、伦理学、艺术和宗教等学说,以形成坚实的社会行动规范、价值方向和社会理想。实际上,意识形态既有维护特定社会制度和阶级统治合法性的作用,为特定阶级和社会的人们统一思想、意愿和行动,又有推动历史发展的动力,同时还有社会调节和管理的功能。

意识形态可以界定为文化的一种演绎,是对社会文化实践的提炼和诠释。各种社会文化形态会孕育出相应的意识形态,同时,意识形态也会与社会文化相适应。文化对意识形态的影响是动态的。即便意识形态可能存在差异,各种文化依然可以有融合。在推动共建"一带一路"倡议的过程中,不同的文化和意识形态相互碰撞和互动,这是文化多样性的表示,也是文化发展的动力和机遇。

中国的马克思主义或社会主义意识形态在推动共建"一带一路"倡议的进程中将会面临全球文化的影响。首先是来自资本主义国家的意识形态的挑战,尤其是来自西方文化的渗透和冲击。其展开了一场"无烟战争",企图削弱中国共产党在意识形态领域的领导力。

其次是全球变革的西方文化对中国社会主义意识形态的影响。"冷战"后,全球国力竞赛中软实力,尤其是文化吸引力和意识形态的影响力变得愈发关键。在全球化过程中,西方国家在文化输出上占主导地位,借助在互联网领域的地位对中国的社会主义意识形态进行冲击。

总的来说,在推进共建"一带一路"倡议的过程中,无论是显性的文化入侵还是潜在的文化影响,都有可能对社会主义意识形态产生不同程度的冲击。如果忽视了社会主义意识形态的主导地位,就有可能导致思想领域的混乱。因此,中国的社会主义建设必须以马克思主义为指导,需要理解意识形态在国家利益中的地位和作用,并以客观的态度看待各种非社会主义意识形态。

三、价值观念受到冲击

价值观念是文化的核心,代表了一个群体成员共同遵守的价值体系规范。中国文化强调集体主义价值观,注重集体、社会和国家利益,有时会忽略或牺牲个人利益。在人际交往中,强调"卑己尊人",在行为举止上要符合规定的社会身份和规范。生活中要遵循规矩,遵循现状,不突出个人特征。相较之下,西方文化强调个人主义价值观,追求自由和平等,重视个人权利,支持个体自由发展,追求个人的自我实现和自由进取。

随着文化全球化的发展,东西方文化的价值观碰撞不可避免地影响着中国当代社会的发展。需要客观地承认,西方部分先进的价值观念,如科学与民主、市场与法治等,对中国社会的发展做出了重要贡献。然而,也必须清醒地认识到,当前以西方发达国家为主导的全球化进程中,这些国家通过先进的信息网络技术和广泛的传播媒介,大胆传播其文化价值观念,导致原本应该是双向互动的文化交流逐渐变成了近似于单向输出的强势文化。同时,部分西方国家也采取各种方式阻止与其价值观念相悖的异质文化传播,甚至诋毁和贬低社会主义文化的价值观念。当前,必须清醒地认识到,尽管大多数青年和大学生的主流价值观是积极的,但仍有一部分人存在价值观混乱和信仰危机。他们对社会主义主流价值体系缺乏兴趣,对西方的自由、人权以及体育、娱乐等表达了浓厚的兴趣,推崇西方的价值观。这种现象在很大程度上削弱了我国社会主义价值体系的影响力。

不可否认,在和平稳定的背景下,西方价值观对我国的价值观产生了强烈冲击，通过文化输出来瓦解我们的社会主义价值体系，对我国价值观具有不可忽视的影响力。尤其是在共建"一带一路"倡议下，各种文化价值观相互碰撞、相互影响，人们的价值观呈现出多样化的趋势。因此，为了应对西方腐朽价值观的冲击，保护和尊重文化价值观的多样性，逐步使人民群众树立对社会主义基本思想和价值观的认同，增强人民群众的凝聚力、向心力和感召力变得至关重要。

四、文化安全受到冲击

在全球化的趋势下，西方文化通过逐步扩散和渗透，对中国的传统观念、思维模式、价值体系产生了影响，这给中国的文化认同感带来了挑战，也可能对中国的文化安全形成威胁。

文化安全，维护国家文化体系和秩序的畅通运作，保护国家文化的主权和尊严，抵御内外不友好力量的侵害和破坏。简单而言，文化安全涉及国家文化权益的损失程度，国家文化主权是否被侵犯，个性化文化能否健康生长，以及在全球文化交流中是否拥有平等的地位。文化安全问题涉及国家的文化主权、民族团结、综合国力、社会稳定以及经济持久发展等关键性要素。作为国家安全的重要组成部分，文化安全已引起世界各国的集中注意。

中国作为一个发展中的社会主义大国，在文化思想体系、社会体制和国家利益等方面与西方发达国家有显著的不同，因此，成为一些国家进行文化侵蚀的主要目标之一。面临不可逆转的文化全球化趋势，中国的文化安全面临越来越严峻的考验。西方国家借助"无国界数字空间"的信息垄断优势，挑战了传统的国家概念和界限，默默地改变了人们的交流模式和操作方式。与此同时，中国作为西方信息和技术的吸取方，阻挡西方单一文化侵入和抵抗信息技术霸权的考验越发严峻，某些领域甚至出现了严重的"集体失语"现象。

因此，在推动共建"一带一路"倡议的过程中，必须坚持国家文化安全的信念，高度重视文化安全问题。需深刻了解国家文化安全与社会经济发展、民族振兴之间的广泛深刻联系，从理念高度防止和解决对国家文化安全的忽视。在当今时代，需要重视文化全球化、文化霸权乃至文化断裂对国家文化安全带来的严重挑战。应倾力加强和守卫国家文化安全，把其视为整个国家安全工作的重要一环，这也是加强和维护整个国家安全的核心所在。

第三章　辽宁融入共建"一带一路"倡议的依据

第一节　辽宁融入共建"一带一路"倡议的区位优势

辽宁位于我国东北地区，既是东北老工业基地，也是欧亚大陆桥东部陆海节点，还是东北地区唯一的沿海省份和出海大通道。加快利用国际国内两个市场、两种资源对于辽宁具有重要意义。随着中央实施新一轮东北地区等老工业基地振兴战略，辽宁已经站在了新的历史起点上，但也正处于关键时期，面临着滚石上山、爬坡过坎的挑战。

辽宁抓住了共建"一带一路"倡议机遇，构建了老工业基地优势产能"走出去"和吸引发达国家资金、技术"引进来"的新平台。通过开放促改革、促转型、促发展，辽宁在新起点上深入贯彻落实共建"一带一路"倡议，成为培育东北振兴新动能的重要举措。在高质量参与共建"一带一路"倡议、推动全面开放探索新路径和新模式方面，辽宁在省级层面加快步伐。

总之，辽宁作为我国东北地区的重要省份，抓住了共建"一带一路"倡议机遇，展开具体实践，开放促改革、促转型、促发展，为推动东北振兴、参与共建"一带一路"倡议树立了行业典范。

一、身处辽满欧大通道起点

辽宁对中国、蒙古和俄罗斯经济走廊的建设具有重要意义，这也是辽宁融入共建"一带一路"倡议的关键切入点。其中，"辽满欧"大通道的起点位于大连港和营口港，经过内蒙古满洲里区域，直通俄罗斯，再延伸至欧洲各国和地区，是一条综合性运输重要通道。"辽蒙欧"大通道是以丹东港、锦州港为起点，途经蒙古国和俄罗斯，直达欧洲各国的运输枢纽。另外，"辽海欧"大通道的起点是大连港，通过北极东北航道，最终直达欧洲地区的港口，是目前亚欧间距离最短且经济的海上贸易运输通道。这些通道为辽宁与欧亚两大区域之间的贸易和运输提供了关键的连接。

辽宁位于古代丝绸之路的关键路线上。历史上，诞生了从中国起始的四条丝绸之路，分别被命名为沙漠丝绸之路、草原丝绸之路、西南丝绸之路和海洋丝绸之路。在这些路线中，草原丝绸之路由北部的中国铺设，从新疆的伊犁、吉尔萨尔和哈密开始，穿过内蒙古的额济纳等地、呼和浩特，再连接大同、张北、赤城等河北地区，再穿过宁城和辽阳等内蒙古地区，最后连通朝鲜，又远达日本。

二、辽宁丹东是古代丝绸之路的"源头"

在汉武帝元鼎六年（公元前111年），海上丝绸之路的布局已开始推行。汉皇帝为此设立了三条海上主要航线：一是自丹东向南至广西白仑河口的南北沿海航线；二是从山东沿海、穿过黄海至朝鲜和日本的航线；三是徐闻至合浦的航线。由航线皆可见，在汉朝时期，辽宁就成为了海上丝绸之路的重要始发城市。

丹东，中国最大的边界城市，由于其盛产柞蚕丝绸，被誉为丝绸城。丝绸，作为中国古代物质文化的象征，历史已长达五千多年。在明朝永乐年间，丝绸之路发生了两项重大事件：郑和挺进西洋，其行以"海上丝绸之路"开明新页；亦失哈九上北海，则开创了一条"东北亚丝绸之路"。这条东北亚丝绸之路拥有深远的历史，而在联合国教科文组织公布十年规划的十大社会科学研究主题——"丝绸之路综合研究"后,其影响力与日俱增。

三、辽宁朝阳是丝绸之路的重要"枢纽"

丝绸之路不仅代表着古代丝绸贸易,更成为东西方文化、艺术、科技及宗教等领域的交流纽带。其横跨世界的广度不限于长安至西亚的路线,跨越时代的深度同样超越汉朝。辽宁尤其是辽西地带,构成了连接蒙古草原、华北平原与东北平原三大地理区域的关键环节。

在古时,辽宁的朝阳市是东北亚地区的中心,成为通往东方丝绸之路的交通枢纽。辽宁境内的丝绸之路起点在朝阳,横跨辽东地区,延伸至朝鲜半岛与日本列岛。北京大学中国古代史研究中心的罗新教授将其概括为"西至敦煌,东及朝阳",自此,朝阳被视为丝绸之路上的瑰宝,汇集诸多通道,连接向东的延展。

2006 年 6 月,《辽宁晚报》报道称在朝阳市开发区的一个工地上发现了一座北魏时期的石建古墓,墓中随葬的两枚银币是古代波斯的通行货币。时任朝阳市博物馆馆长的尚晓波表示,这两枚波斯银币比之前发现的波斯金币要早两个多世纪,证明朝阳这座古城在北魏时期已经与西域有密切的商贸往来。这一发现进一步证实了朝阳作为古代丝绸之路东端重镇的研究结论。

可见,辽宁自古以来就是丝绸之路的重要参与者。尽管辽宁沿海区域具备共建"一带一路"的基础优势,但由于缺乏明确的战略定位,没有将东北亚丝绸之路传统继承下来。因此,在国家新一轮共建"一带一路"倡议中,大连、营口、丹东、锦州、盘锦和葫芦岛港等重要节点逐渐形成了东北亚丝绸之路经济带的基本轮廓,并承担起建设 21 世纪东北方向海上丝绸之路的国家使命。

四、相对完善的经济体系

辽宁相对完善的经济体系是参与共建"一带一路"倡议的重要基础。首先,金普新区作为我国与东亚国家进行贸易合作的重要战略区域,对于推动经济交流有着关键作用。作为我国第十个国家级新区,金普新区紧密联系着日本、韩国、蒙古和俄罗斯等国家的海外市场,与其开展了密切的经济合作。

从长远来看，我国周边国家，特别是与东北地区接壤的国家，是共建"一带一路"倡议的重要参与者。金普新区作为探索与这些重要共建国合作新机制的任务承载者，具有重要的战略意义。

其次，辽宁自贸试验区是进一步深化与东北亚各国合作的重要战略地区。作为推动共建"一带一路"倡议的关键，自贸试验区致力于促进经济合作的深入发展。

综上所述，辽宁相对完善的经济体系为参与共建"一带一路"倡议提供了重要基础。金普新区和自贸试验区作为推动经济交流和深化合作的关键平台，将继续发挥重要作用，推动共建"一带一路"倡议的进一步发展。

五、历史文化起源早，积淀丰厚

辽宁的西部地区，在共建"一带一路"倡议构想中，充分体现出其独特的文化印记和优势地位。令人惊叹的是，这片地区挖掘出了大量中生代鸟类化石，其存在年代约为 1.35 亿年前。尤其是两块被命名为"中国鸟"和"华夏鸟"的化石，其状况之完整，被誉为是目前已知最早具有飞行技巧的鸟类。在辽宁西部同时还发现了一块被命名为"中华龙鸟"的鸟类化石，该化石来自侏罗纪末期，对于地球科学和生命科学的探究具有极其重要的价值。

不止鸟类化石丰富，辽宁土地下的古人类遗迹亦有千年之久。古代人类早在数十万年前就曾在此地生活繁衍。金牛山遗址，为旧石器时代早期的人类聚居地，已经存在了 28 万年，成为现今东北地理范围内最古老的人类居住地。鸽子洞遗址，大约在 5 万年前，旧石器时代中期。海城仙人洞遗址和丹东的"前阳人"遗址，身处旧石器时代晚期，距今约 2 万年。查海遗址距今约 8000 年，被誉为"中华第一村"。牛河梁遗址距今 5000 多年，折射出了最早迹象的原始社会文明。

辽宁的西部地区拥有的丰富文化遗产，使其在共建"一带一路"倡议中展现出极大的文化魅力和优势。这些重要的考古突破以及其带来的历史和科学贡献，在推动地球科学和生命科学的研究中，扮演了重要角色，深化了人类对文明源头的理解和认识。

六、民族特色鲜明，地域情趣浓厚

辽宁充当了戏剧般舞台，为众多的少数民族提供了繁荣的空间，尽展其豪放而无拘无束的性格，仿若烈马在原野上驰骋。这些少数民族以他们的骑射和刀兵技术闻名，他们豪爽、直接和英勇的特质仿佛在手中的武器上得以体现。历史长河里，包括诸燕政权和满族创立的清朝等，少数民族曾以统治者的身份登上这个舞台。作为清朝的诞生地，辽宁保留了独特的满族文化韵味，并且有着入关前的历史痕迹和文物资料。

辽宁这片土地，自古便是众多移民的理想家园。汉族的前身，源于华夏、夷、戎等多个族群在此地碰撞融汇，从而构筑了东北地区历史最悠久、人口最稠密的汉族聚集地。据历代文献记载，原生汉族主要分布于辽宁的东南部，但唐代以后，特别是明清时代，大规模迁移人口从关内、中原地区流向此地。经过千百年的沉淀，本土文化与移民文化在长期交融互通中生成了独具特色的辽宁风土人情，集北方民族特征和移民文化特色于一身。这种地域文化坚韧有力，注重实操，充满活力，是构成中国博大精深文化中的重要一环。

作为中国东北的门户，辽宁具有丰富的文化特色和优势，为共建"一带一路"倡议提供了突出的展示机会。通过充分挖掘和利用辽宁的历史文化遗产、地理位置和经济实力等优势，辽宁可以加强与其他国家的文化交流和经济合作，以推动辽宁文化的传播和发展，为促进共建"一带一路"倡议的顺利推进做出积极贡献。

第二节　辽宁省政府对接——《辽宁"一带一路"综合试验区建设总体方案》

一、开放优势

辽宁拥有古老的朝阳牛河梁红山文化遗址，这个遗址见证了 5500 年前这里曾经存在过的高度文明的古国，是中华文明的共祖之地。历史上，辽宁是草原丝绸之路的重要节点，与西域和亚欧大陆一直保持着悠久的经贸文化交流。中华人民共和国成立后，辽宁创造了中国工业的辉煌；改革开放以来，辽宁开始了老工业基地振兴的新征程。在共建"一带一路"建设中，辽宁积极开放，取得了多领域、深层次的成果，为打造共建"一带一路"综合试验区和升级辽宁的共建"一带一路"奠定了良好的基础。

（1）政策沟通不断深化。有7个国家（美国、日本、韩国、朝鲜、俄罗斯、法国、德国）在辽宁设有领事馆，辽宁与27个国家结成了17对友好省州和69对友好城市，与114个国家和地区建立了经贸往来关系，国际联系不断扩大。辽宁出台了40条开放政策和8条"双招双引"黄金政策，全面放开一般制造业，并在电信、新能源汽车等领域扩大了开放，提升了对外合作的层次。

（2）设施联通加快拓展。辽宁推进与境外国家的陆海空网络全方位互联互通。2017年，辽宁港口总吞吐量突破了11亿吨，港口整合进程加速。辽宁开通了"辽海欧"北极东北航道，中欧班列"辽满欧"的运行次数达到了1143班次，运能位居国内前列。辽宁还率先在国内实现了县县通高速公路，即将实现市市通高铁。沈阳、大连等8个运输机场开通了63条国际航线。大数据、多媒体等现代通信网络覆盖了整个辽宁省。

（3）贸易畅通成果丰硕。辽宁逐步拓展了多边贸易和投资体系，并加快推进与欧洲、亚洲、非洲等地区的产能合作。辽宁高效引进了一批标志性工程，如中德（沈阳）高端装备制造产业园、华晨宝马项目、徐大堡核电二期、兵器集团与沙特阿美公司合资精细化工及原料项目等。与此同时，罗马尼亚、乌干达、印度等多个海外产业园也在顺利推进，中铁九局匈塞铁路、华晨伊朗汽车厂、东软非洲医疗等一大批项目正在蓬勃推进。辽宁自由贸易试验区等高级别开放平台的功能得到突显，跨境电商和外贸新业态，如葫芦岛泳装、辽阳小北河袜业等也在持续壮大。

（4）资金融通稳步推进。辽宁加快了大连、沈阳金融集聚区的建设，并与中国出口信用保险公司、国家开发银行等金融保险机构紧密协调，创新了"走出去"的"政银保企"服务机制，开通了融资绿色通道，促进了共建"一带一路"融资融智条件的改善，提高了金融服务实体经济的水平。

（5）民心相通影响广泛。辽宁的文化团体频繁地对外展演和交流。大连夏季达沃斯论坛成为政经商学媒共同探讨开放的重要平台，与多个国家的智库建立了协作关系。辽宁拥有 57 位院士、167 家科研院所、25 个具有世界影响力的学科，这是对外开放的宝贵智力支撑。辽宁还建立了许多与共建"一带一路"相关的研究机构，深入推进了辽宁共建"一带一路"的理论研究和实践创新。

二、重大意义

随着共建"一带一路"倡议开启新的征程，辽宁省全面贯彻习近平新时代中国特色社会主义思想，有力践行中央推动形成全面开放新格局的重大决策，通过加快开放，向海转身，以全面开放引领全面振兴。辽宁省全力打造共建"一带一路"综合试验区，精心规划辽宁的共建"一带一路"升级版，并更好地服务于国家全面开放的大局，这对于提升辽宁开放的质量、全面振兴东北老工业基地、推动东北亚国际合作以及积极参与共建"一带一路"建设，具有重大的意义。

（1）为辽宁高质量发展提供新动能。辽宁省的共建"一带一路"综合试验区建设有助于以更高的站位、更大的格局、更宽的视野深化改革创新，优化体制机制，推动经济发展质量变革、效率变革和动力变革，更好地服务于共建"一带一路"建设。同时，这也有利于强化大局观念，推动中国、俄罗斯、日本、韩国、朝鲜、蒙古之间的国际合作，扩展东北亚合作格局，促进中蒙俄经济走廊与东北亚经济走廊的对接发展，使东北亚国家实现合作共赢，共享区域发展成果。此外，这还有利于以高标准的改革开放倒逼转型升级，加速培育新动能、新供给和新增长点，实现高水平开放与高质量发展的良性循环。

（2）为东北整体开放提供高能级共享平台。辽宁省的共建"一带一路"综合试验区建设有利于将辽宁拥有的东北地区唯一出海口和自贸试验区等重大开放载体扩展成为东北地区扩大开放的共享资源，加快东北地区协同开放的节奏，分享开放的成果，为东北地区的开放振兴提供联系紧密、协作扎实、内涵丰富的高能级服务载体。

（3）为国内各地区参与东北亚合作提供前沿服务。辽宁地处环渤海大湾区，与京津冀接壤，与国内众多地区建立了对口合作关系。辽宁省的共建"一带一路"综合试验区建设有利于进一步发挥辽宁作为东北亚开放大门户的功能，满足国内的开放需求，连接东北亚合作的要素，推动共建"一带一路"向东北亚地区扩展，打造国内各地区参与东北亚国际合作的前沿支撑点和高品质服务平台，实现互利共赢。

（4）为加快推进国家共建"一带一路"建设贡献辽宁的力量。辽宁省是中国的装备工业强省，推动优势产业规模化、质量化的国际合作，有助于提升我国产业在全球价值链的定位，探索完善国际产能合作的新机制和新模式，为《中国制造2025》的实施贡献了辽宁省的发展成果。此外，辽宁省的共建"一带一路"综合试验区建设有助于优化共建"一带一路"的"产贸并举"发展格局，为国家共建"一带一路"建设贡献了辽宁的力量。

三、指导思想

在全面贯彻党的十九大和十九届二中、三中全会精神的基础上，辽宁省以习近平新时代中国特色社会主义思想为指导，认真贯彻落实省委十二届六次、七次、八次全会精神，不断增强"四个意识"和坚定"四个自信"，持之以恒地落实新发展理念，以及"四个着力""三个推进"的要求。辽宁省坚持稳中求进的工作总基调，以共建"一带一路"建设为引领，促进全面开放、全面振兴，推动改革深化、开放扩大、创新强化、人才优化，并加快推进"一带五基地"建设，深入实施"五大区域发展战略"，加快国际产能合作，打造多层次高能级开放平台，强化绿色丝路、文明丝路建设，全面优化营商环境，增强国际经济合作与竞争新优势，聚焦东北亚国际合作，构建东北亚开放大门户，完善高水平开放型现代经济体系，实现高质量发展，为参与共建"一带一路"建设做出辽宁贡献。

四、实验重点

（1）探索引领共建"东北亚经济走廊"。依托辽宁省唯一的陆海双重门户和与东北亚各国的人缘和经贸互补优势,深化与俄罗斯、日本、韩国、朝鲜、蒙古的合作,建设中蒙俄经济走廊和"中日韩+X"模式,推动互联互通、经贸投资和人文交往,倡导共建以辽宁为枢纽的先行区、以东北亚国家为主体的"东北亚经济走廊",努力构建东北亚命运共同体。

(2)探索创建"大连自由贸易港"。加快辽宁港口整合,建设辽宁"港口经济圈",以大连东北亚国际航运中心、国际物流中心和沈阳先进装备制造业基地为战略支点,加强与招商局集团的合作,积极参与中日韩自由贸易区建设,创建"大连自由贸易港",形成面向东北亚的开放门户。

(3)探索构建联动互济的全方位、全领域、全时空开放格局。在"六廊六路多国多港"的基础上,精准布局、多点开花,联动东中西部,聚焦京津冀、雄安新区、长江经济带、粤港澳大湾区等重点发展区域,深化对口合作、区域合作,加强"陆上丝路"和"海上丝路"门户功能的对接互补,形成具有辽宁特色、多元走向、内外协同的开放局面。

(4)探索形成优势装备制造引领国际产能合作的新路径。以高水平开放激发辽宁优势产业和各类市场主体活力,通过国际产能合作,推动辽宁装备制造业成为全球合作的生力军,为深化国际产能合作、探索新机制和新规则做出贡献。

(5)探索建立现代金融服务于实体经济的高效机制。推动构建"政、银、保、企"四位一体协同机制,提升金融服务实体经济的支撑功能,创新实体经济走出去的融资方式和保障机制。做大做强辽宁金融发展平台,引进外资金融机构,构建现代金融体系,探索实体经济、现代金融、科技创新和人力资源的良性互动。

(6)探索搭建文化交融互信的桥梁。充分发掘、培育、宣传辽宁优质人文要素,开展深层次多领域对外交流,广泛传播辽宁故事,积极塑造辽宁形象,扩大辽宁国际朋友圈,弘扬丝路精神,彰显中华文化的魅力。

五、开放格局、空间布局和建设目标

辽宁省在辽宁共建"一带一路"综合试验区建设中,以辽宁沿海经济带的开发和开放为支撑，以大连东北亚国际航运中心和沈阳东北亚科技创新中心为龙头，以全方位、全领域、全时空开放为基础，加快建设东北亚开放的门户，全力构建内外联动、陆海互济的全面开放新格局。辽宁省以高水平开放的新理念，构建"三核三区、两廊两沿、七港七路、双园双融、一网一桥"的空间布局，致力于成为推进共建"一带一路"建设的先行区、东北亚国际合作的先导区和全面开放的引领示范区。

"三核三区"：包括沈阳、大连、锦州—营口—盘锦等全面开放的核心城市；以及辽宁沿海经济带、沈阳经济区和辽西北地区。到 2021 年，预计基本形成沈阳拉动辽宁北部的沈阳经济区，大连拉动辽宁沿海经济带和沿边地区，以及锦州—营口—盘锦开放集群，形成全省联动、三个核心城市牵引的开放格局。

"两廊两沿"："两廊"指向北融入中蒙俄经济走廊，与之相衔接；向东构建东北亚经济走廊；"两沿"指辽宁沿海经济带和东部沿边开发开放带。到 2021 年，预计形成以辽宁为枢纽，两条国际经济走廊衔接融合的开放态势。辽宁充分利用沿海沿边的双重优势，培育重要的"边海联动开放带"。

"七港七路"：加快推进大连、营口、丹东、锦州、盘锦、葫芦岛等沿海港口整合，打造大连东北亚国际航运中心和世界级港口集群，高质量建设沈阳国际陆港；构建"辽满欧""辽蒙欧""辽新欧""辽珲俄"铁路通道，以及"辽海欧"北极东北航道、"辽海欧"印度洋航道、辽宁"空中丝路"通道。到 2021 年，港口整合基本完成，实现"硬软联通"，港口航运、中欧班列、空中航线、信息互联等总体能力在全国位次明显提升。

"双园双融"：引进来建设产业合作园和走出去建设境外辽宁产业园；加强融资和融智合作。到 2021 年，辽宁内外一批高技术产业园基本建成，产业双向合作领先东北、高于全国平均水平。进出口结构不断优化，贸易新业态快速发展。金融保障和智力支持能力显著提升，引进外资银行数量超过全国平均水平。

"一网一桥"：建设辽宁"数字丝路"全球信息服务网和沿线国家民心相通的桥梁。到 2021 年，覆盖全省、沟通全球的共建"一带一路"大数据服务中心基本建成，推动共建"一带一路"智慧化发展。文化、旅游、教育、体育、医疗等领域的交流合作持续深化，逐步展现其国际影响力。

到 2030 年，辽宁共建"一带一路"综合试验区的区域带动力和全球影响力进一步增强，特别是在高端装备制造国际产能合作、跨境互联互通、新型自由贸易、国际金融、国际人文交流等领域。将进一步突显辽宁在共建"一带一路"建设中的地位，成为东北地区高水平开放和高质量发展的先行区。

六、沈阳和大连的作用

沈阳和大连作为辽宁的双核心城市，正在积极研究如何深度融入共建"一带一路"的对接方案。

2019 年 3 月 13 日，大连发布了《大连市推进共建"一带一路"实施方案》，该方案强调了大连在基础设施联通、国际产能合作、科技合作、贸易升级以及高标准自由贸易区建设等方面的重要举措。其目标是加快构建开放型经济新体制，更深入地融入共建"一带一路"倡议，努力打造一个立足于东北及东北亚、辐射共建"一带一路"共建国家和地区、面向全球的开放合作战略高地。

2019 年 12 月，沈阳发布了《沈阳建设"一带一路"东北亚枢纽行动方案》。接下来，沈阳将深度参与辽宁共建"一带一路"综合试验区建设，弥补对外开放的短板，加快构建开放型经济新体制，侧重于东北亚区域经济合作，重点展开通道建设、产能合作、文化交流、贸易往来、生态治理等七大专项行动，体现"一带一路"东北亚枢纽的地位和作用。

第四章 辽宁地域文化嬗变与传播映照

考古学的发现揭示了辽宁地域人类活动的深远历史，其中包括本溪庙后山遗址和营口金牛山遗址，这些遗址证明了人类在这一地区的活动可以追溯到约 40 万年前和 26 万年前。大连地区的先民群体主要源自南方的庙后山人、金牛山人以及北方山东半岛的古人类。新石器时代和青铜时代的到来标志着辽宁地域开始出现稳定的定居点，原始农业和家畜饲养的实践也开始盛行，这些都表明辽宁地域逐步成为史前人类的重要聚集地，并且经济活动也开始逐渐发展。

辽宁地域的文化形态受到地理环境的影响，展现出独特的地域特色。随着人类活动的扩展，文化开始向周边地区扩散，封闭的文明圈开始瓦解，各种文化开始交融，展现出多元文化的特征。

辽宁地域的文化发展、演变和传播提供了重要的启示：在当今的文化建设中，应该重视社会经济的发展，创造有利的文化环境，同时加强与周边地区的文化交流与合作，以推动文化的繁荣和进步。

第一节 辽宁地域文化的萌芽之路

一、文化出现与地理环境关系分析

空间分析作为一种依据地理实体的位置和形态特性进行数据研究的方法，

主要在提炼和传递空间信息上发挥重要作用,尤其在地理信息系统(GIS)中有着广泛的应用。借助 GIS 软件的强大功能,结合遗址分布对辽宁地域的基础环境数据进行空间分析,有助于揭示史前时代辽宁地域环境对人类居住的影响。具体而言,使用数字地形分析、坡度与坡向分析、水文分析、缓冲区分析以及遗址密度分析技术,有助于深入研究区域文化的成因、特征及其与地理环境的联系。

数字地形分析能够利用数字高程模型等数据,对辽宁地域的地形地貌进行深入研究,以获取其地势起伏的基础数据。坡度与坡向分析有助于了解地势起伏和水分分布状况。水文分析辽宁地域的水系分布和水资源状况,以了解水文环境对人类生活的影响。缓冲区分析通过设定不同距离的缓冲区,可以研究辽宁地域各区域的遗址分布状况,进而了解地域文化的形成和发展过程。遗址密度分析则可以统计和分析辽宁地域遗址的分布状况,以理解地域文化的集聚和分布特性。

通过以上空间分析方法,可以了解地域文化产生和形成的地理环境基础。这对于深入了解地域文化的形成原因、特性和变迁规律具有重要的意义,为推动文化传播和可持续发展提供了科学依据。

1. 人类生活聚居的地形地貌基础

基础研究是对辽宁地域的地形地貌进行深入分析,旨在揭示该地区的自然环境和地理条件,从而了解人类在此地的生活聚居基础。地形和地貌的研究,包括对山脉、丘陵、平原等地貌特征的探讨,提供了对辽宁地域高低起伏和地理特征的清晰认识。

此外,地貌研究可以通过对已有地貌图的矢量化开展。通过 GIS 软件可以数字化辽宁地域的地貌特征,并根据不同的地貌特征进行分类和展示。这种方法能够更直观地了解辽宁地域各个区域的地貌类型和分布状况。

2. 人类生活选址与地理环境的关系

地表坡度,揭示了地形的起伏状况,是地貌特征的重要指标。通过对辽宁地域各遗址点坡度值的提取和区间归纳分析,能够揭示史前遗址选址和生活活动与地貌特征的关联性。在农业领域,地形坡度也是决定土地质量的关键因素，较大的坡度可能会加剧水土流失和土地退化，进而影响土壤和水资源的保全。

地表坡向，即地表某点切平面的法线矢量在水平面上的投影与经过该点的正北方向的夹角，也是地貌特征的重要指标。通过对坡向数据进行八个方向的展示，能够分析各时期遗址点与地貌特征的关联性。史前遗址分布图与坡向数据的叠加分析，有助于进一步研究史前人类在不同坡向条件下的定居行为和生活模式。

总的来说，地理环境对人类选择居住地点有重要影响，其中地表坡度和坡向作为主要的地貌特征，对遗址选址和史前人类的生活行为具有显著影响。这种研究有助于更深入地理解人类生活选址与地理环境的互动关系，为研究史前人类的生活行为和农业发展提供重要参考。

3. 人类生产生活用水与水源的关系

在水文学研究中，河流系统居关键位置，并与人的生活、生产活动紧密相关。自新石器时代开始，人类的居住地选择常与水源接近程度密切相关，以应对其生活与生产需求。然而，人们必须认识到河流系统并非固定不变，而是在地质变迁和人类活动等长期影响下，呈现出随时变化的特征。无论是古代还是现代的河流，其支流的融合形成河网结构，且在不同尺寸上，河流的长度、宽度、曲度等方面呈现出相似性。因此，地理信息系统的水文分析工具能够有效提取河网系统。

地形高程数据（DEM）是提取河网系统的关键工具，其基本原则在于水向地势较低处流动。模拟计算 DEM 上的栅格高程邻域过程，可以实现对洼地填充、提取水流方向、计算集水量以及生成河网等步骤。

首先，需要实现洼地填充，将高程模型平滑化，得到无洼地的 DEM。其次，利用 Dinf 方法，计算水流方向，依据具体的坡度状况，对相邻的栅格水流进行比例分配，最终列算出每个栅格的水流方向，并依据最大下降坡度进行聚合。再次，进行集水量计算，根据水流方向度量每个栅格上游的水流收敛与否，集水量越大，表示该地区汇聚的水量越多，形成表面径流的可能性越大。最后，根据集水量生成河网，确定哪些栅格的集水量超过设定阈值，只有超过阈值的栅格才能被提取并视为河网的组成部分。

通过利用 DEM 进行河网提取，可以更好地了解河流系统的结构和特征，为水资源管理、环境保护、防洪减灾等提供重要支持。

4. 遗址点分布与河流之间的关系

缓冲区分析是一种地理信息系统的空间分析方法，通过设定特定的距离条件，围绕地图的特定要素（如点、线和面）生成具有确定范围的多边形实体，从而实现数据在二维空间的扩展。缓冲区的形状取决于其创建条件，包括点缓冲区（如圆形、三角形、矩形和环形等）和线缓冲区（如双侧对称、双侧不对称或单侧缓冲区等），以及面缓冲区（如内侧和外侧缓冲区等）。

通过对河流进行缓冲区分析，可以将河流划分为若干区段，例如，0~500米、501~1000 米、1001~2000 米、2001~3000 米、3001~4000 米、4001~5000 米等。在具体的分析过程中，可以将各个时期的遗址点分布图与河流叠加，从而研究遗址点分布与河流的相关性。

这种分析方法有助于了解遗址点在不同距离范围内与河流的关系。例如，可以观察到在较近距离的缓冲区内，遗址点分布较为密集，可能与河流提供的水源、交通便利等因素有关。而在较远距离的缓冲区内，遗址点分布可能较为稀疏，可能与其他因素有关，如土壤类型、地形等。通过这样的分析，可以深入了解遗址点与河流之间的空间关系，为进一步研究提供有价值的参考。

5. 遗址点聚集程度与人类活动的关系

核密度制图是一种基于点数据密度计算的连续表面生成技术。该技术能够通过输入的数据集来评估整个区域的数据聚集情况，并通过密度图形象地展示数据分布。核密度制图的计算以每个待计算的网格点为中心，通过搜索周围圆形区域内的点以计算其密度值。在这个过程中，不同位置的点会被赋予不同的权重，靠近网格搜索区中心的点或线权重较大，而随着与中心的距离的增加，权重逐渐减小。这样的计算方法可以得到更加平滑的分布结果。

利用核密度制图技术分析史前遗址的聚集程度，可以揭示史前人类活动的变迁。通过核密度分析，遗址在区域内的分布密度得以揭示，这有助于了解史前人类的活动热点和聚集程度。这对于研究史前人类的活动模式和文化演变具有重要的学术价值。通过核密度制图，可以清楚地看到史前遗址的聚集情况，进而推测史前人类活动的变化趋势和空间分布特征。这种方法为深入了解史前人类行为提供了强有力的支持，对考古学和人类地理学的研究也具有重要的支持作用。

二、辽宁地域新石器时代遗址空间分析

考古研究揭示，辽宁地域在史前时期就有了 295 个新石器时代的遗址，这些遗址遍布整个辽宁地域。

1. 人类聚居活动出现在沿海地势较低之处

辽宁地域的地理特征复杂多变，主要由山地和丘陵构成。山地主要集中在半岛的北部和中部，其中最高峰位于庄河市北部的步云山、和尚帽山和老帽山，而南部则以低山为主。除山地外，丘陵和平原也构成了辽宁地域的重要部分。

丘陵在辽宁地域广泛分布，形成了一条从东北向西南延伸的带状地貌。平原则相对较少，主要分布在沿海地区，河谷平原和三角洲平原的小面积分布在沿河流域，洪积平原位于山前，侵蚀小平原出现在丘陵坡麓，而海积平原则位于海湾顶部。

辽宁地域的平原面积相对较小，大部分地区由丘陵和山地构成，尤其是黄海沿岸的平原面积远大于渤海沿岸。这种地貌特征对辽宁地域的人类活动产生了深远影响，形成了史前辽宁地域人类活动的特定模式。

考察遗址分布会发现，新石器时代的遗址主要集中在沿海平原和黄海岛屿。有少数遗址位于中部的丘陵山地，大部分遗址分布在沿海平原或黄海岛屿上。

在对辽宁地域新石器时代遗址的 295 个点位进行高程观察后发现，这些遗址的海拔最高达到 148 米。按照高程范围进行分类，可以看到，39.3% 的遗址（116 个）位于 0~20 米的高程范围内；11.5% 的遗址（34 个）位于 21~40 米的高程范围内；5.1% 的遗址（15 个）位于 41~60 米的高程范围内；

21.1%的遗址（62个）位于61~80米的高程范围内；16.6%的遗址（49个）位于81~100米的高程范围内；剩下的6.4%的遗址（19个）位于100米以上的高程范围内。这些遗址点的海拔分布广泛，尽管各个海拔范围都有遗址点，但数量上以0~20米和61~80米的海拔范围最为集中。这种地理和海拔特性可能与当时人类的活动和生活环境有密切关系。

在对辽宁地域新石器时代遗址分布的研究中可以观察到，遗址主要集中在低海拔地区，同时也有一部分遗址位于较高海拔地区，这揭示了人类活动的广泛性。新石器时代是辽宁地域人类活动广泛展开的阶段，大部分遗址位于沿海或海岛地区，这既受地理环境影响，也与生活需求有关，如便于渔业发展和农业耕作。

然而，值得注意的是，有44.1%的遗址位于海拔60米以上的地区，这是由于新石器时代辽宁地域曾经历海侵，海水深入内陆约7千米，为避免海侵影响，人们选择在较高海拔地方居住。这种现象表明，沿海遗址并非完全依海而居，而是保持一定距离，以抵御海侵的潜在威胁。因此，新石器时代遗址的分布呈现出两极化趋势，既有低海拔地区的居住区，也有高海拔地区的居住区。

总的来说，辽宁地域新石器时代遗址的分布反映了人类活动的广泛性，同时也揭示了人类对生活环境的选择和适应性。这些遗址的分布为研究提供了宝贵的历史和地理信息，有助于深入理解当时的人类社会和文化发展。

辽宁地域的地貌特征鲜明，主要包括中低山、丘陵、台地和平原等类型，这些地貌特征使得沿海地区更适宜史前人类的居住。

辽宁地域拥有占全国海岸线总长度6.6%的长海岸线，以及超过500个大小岛屿，其海岸线可被划分为六种主要类型：港湾型基岩海岸、岛礁型基岩海岸、平原型淤泥质海岸、岬湾型淤泥质海岸、岬湾型沙质海岸和堤坝型沙质海岸。

辽宁的植被类型主要属于华北植被区系，以华北植物为主，同时受长白山植物区系的影响，呈现出过渡特征。主要的植被类型包括针叶林、针阔叶混交林、落叶阔叶林、落叶阔叶灌丛和落叶阔叶灌草丛。

在土壤类型方面，辽宁地域呈现出丰富的多样性，包括棕壤、草甸土、滨海盐土、沼泽土、风砂土和水稻土等，其中棕壤的分布面积最广，主要分布在低山丘陵、漫岗、沿海平原内的残丘、岗地、台地、阶地的顶部和斜坡上。

总的来说，辽宁地域的地貌特征、海岸线类型、植被类型和土壤类型等自然因素，对该地区的生态环境和人类活动产生了深远影响。

2. 居住地选址兼顾生产生活与防洪

在新石器时代，辽宁地域的遗址主要位于缓斜坡和斜坡地形，占总数的98%。大多数遗址的坡度在15°以下，这揭示了新石器时代人类对于相对平缓地形的居住偏好。然而，值得注意的是，有71%的遗址位于坡度超过3°的地形上。这一发现为了解新石器时代人类的居住地选择提供了重要依据。

新石器时代的遗址点在辽宁地域主要集中于平原区域，这一地形特征对其生产和生活方式产生了深远影响。考虑到辽宁地域处于季风影响区，夏季降雨频繁，洪涝灾害对人们的生产和生活构成了实质性威胁。因此，人们为了应对这一挑战，倾向于选择在山前冲积扇或平原地带建立居住地，这样的地理位置既能有效抵御洪水侵袭，又能满足生产和生活的需要。因此，新石器时代的人类在选择居住地时，不仅要注重地势的平缓性，同时也要兼顾防洪和生产生活的需求，选择在斜坡上建立居住地，以达到防洪和生产生活的平衡。

新石器时代遗址的朝向选择主要基于对太阳照射的最大化利用和季风影响的最小化。具体而言，东北和东向坡地的遗址占据了总数的42%，这表明在辽宁地域，由于季风主要来自北方和西北方，人们倾向于选择东北和东向的地点以减小季风的影响。另外，千山山脉的东北—西南走向也有助于人们避开冬季的西风和西北风。然而，这种朝向选择可能会影响到太阳光的充分利用，从而对农业生产产生影响。因此，新石器时代的人类主要以捕鱼和狩猎为主要的经济活动。

在考察新石器时代的遗址分布时发现，除了以东北和东向为主的遗址外，北、东南、南、西南和西等方向也有大量的遗址存在。这一现象揭示了新石器时代遗址的分布并非集中存在，而是广泛分散，并受地形影响，各地遗址的坡向选择各异，这进一步导致了经济方式的多样化。由此可见，新石器时代的遗址朝向选择并非单一的，而是多元化的，主要考虑因素包括太阳光照和季风影响。东北和东向虽是主要选择，但其他方向的遗址也不容忽视，体现出经济方式的多样性。

3. 生产生活用水与水源关系密切

水是人类生存的基础，特别是在史前时代，人类对水的需求更为强烈。通过对新石器时代遗址点的分布进行分析可以发现一个显著的规律：大部分的遗址点都位于集水区。当集水区的径流量超过一定阈值（如10000立方米）时，会形成河流。即便未能形成大河，集水区内的地下水资源也足以满足人类的需求。

辽宁地域以山地和丘陵为主，地势中央高，四周低。新石器时代的遗址主要集中在沿海平原，这不仅因为平原地形的平缓，更是由于平原位于山前冲积扇，拥有丰富的河流资源，可以满足日常生活需求。此外，辽宁地域的夏季降雨量较大，尤其是东部沿海地区，这主要是由于海洋的暖湿气流受到山地的阻挡，容易形成降雨。

沿海的一些遗址点，虽然距离水源较远，但径考古发现，新石器时代的人类已经掌握了储水技术。他们会在雨季收集并储存一定量的水，以备日后使用。因此，新石器时代人类生活的选址考虑了水源的因素。

总的来说，新石器时代遗址的分布与水源因素有着密切的关联。通过对水文的分析，可以更深入地了解史前人类遗址选择的原因，以及他们如何利用水资源来维持生活。

在辽宁地域，遗址点的分布与地理环境有着密切的关系。在中部山地，遗址点主要集中在二、三级河流上，这是由于这些河流接近干流，水量充足，能够满足人类的基本生活需求。而在东部沿海地区，遗址点多数分布在四、五级河流上，少数分布在二、三级河流上。这是因为该地区夏季降水丰富，即使是小型河流也能提供足够的水源。新石器时代的人类主要以渔猎为生，农业活动较少，因此，河流主要用于满足生活用水需求。这一分布模式揭示了地理环境对人类生活方式和文化发展的深远影响。

4. 遗址点对河流的依存度因生产方式而不同

在新石器时代遗址的分布研究中，大多数遗址位于河流缓冲区的 501~1000 米和 3001~4000 米的区域，这两个区域的遗址总和占 76%。具体数据显示，501~1000 米的区域内有 67 处遗址，占总数的 22.7%；而在 3001~4000 米的区域内有 126 处遗址，占总数的 42.7%。在距离河流较远的其他区域，遗址数量较少，只有十几个。

统计数据揭示了新石器时代遗址点的分布特征。首先发现的是，遗址点主要集中在距离河流 501~1000 米和 3001~4000 米的区域，这可能反映了当时人类的生活习惯和生存需求，他们倾向于在接近水源但又有一定距离的地方定居。与之相反，河流缓冲区 500 米内并未发现遗址点，这可能是由于该区域过于接近河流，不适合居住。遗址点在 1001~2000 米和 2001~3000 米的区域较为稀疏，这可能是因为这些区域距离河流相对过远，不适合人类的日常生活和活动。

从地理分布来看，新石器时代的遗址点主要分布在黄海岛屿、辽宁地域南端和东北部。黄海岛屿由于河流稀疏，未在图中显示。辽宁地域南端的地形以丘陵为主，河流稀疏，遗址点主要分布在沿海地区，远离河流。这可能是由于该地区的经济活动主要以渔猎为主，对河流的依赖较小。

相比之下，辽宁地域东北部地形平坦，河流众多，非常适合农业发展。因此，该地区的遗址点普遍靠近河流。这可能是由于该地区的农业发展较为成熟，且水资源丰富，因此，人们倾向于在靠近河流的地方定居。这些发现为了解新石器时代人类的生活方式和经济活动提供了有力的证据。

5. 人类初步形成三大生活聚集区

新石器时代的遗址在辽宁地域的分布呈现出特定的模式，从史前时期的分散分布，转变为新石器时代的相对聚集。黄海沿岸及其岛屿，特别是广鹿岛，是遗址集中度最高的地方。南部的旅顺、大连地区和位于鸭绿江口附近的东港地区也有大量遗址，其中后洼遗址尤为丰富。总的来看，辽宁地域新石器时代遗址的分布主要集中在黄海岛屿、半岛南部和半岛东北部三个区域。

（1）遗址集中分布在黄海沿岸及岛屿上

考古研究揭示，新石器时代的人类活动集中在黄海的岛屿上，尤其是广鹿岛的小珠山一期文化，呈现出辽宁地域最早期的新石器时代文化特征。小珠山地处广鹿岛中心，海拔仅 20 余米，下方有一条小河，对岸是吴家村遗址。1978 年的考察和试掘为辽宁地域新石器时代文化的序列提供了基础。学者推测，小珠山一期文化可能源自辽西兴隆洼文化，并通过海路传播至黄海岛屿。黄海沿岸及其附近的广鹿岛、大长山岛等地，因其地势平坦、气候宜人，遂成为人类的首选定居地。这些地区受千山山脉保护，冬季不易受北风和西北风影响，夏季则有较多降雨。

因此，辽宁地域新石器时代遗址的分布特征显示，遗址主要集中在黄海沿岸及其岛屿，并向半岛扩散。黄海沿岸的地理和气候条件使其成为人类理想的定居和活动区域。这一发现为了解辽宁地域史前人类活动的时空分布和文化演变提供了重要的线索。

（2）黄海岛屿、半岛南部、半岛东北部三处密集分布

在新石器时代，黄海岛屿如大长山岛、獐子岛、海洋岛等，是人类活动频繁的地区，其众多遗址也证实了这一点。这些岛屿因此成为早期人类的主要居住地。

另外，辽宁地域东北部地势平坦，人类活动的痕迹早已可见。随着小珠山一期文化的东移，人类活动逐渐从长海诸岛扩展到辽宁沿海地区。后洼下层文化受小珠山一期文化影响显著，徐昭峰教授通过陶器特征分析推断后洼下层文化主要源自小珠山一期文化。两地相似的石磨盘、磨棒、磨石、网坠、玉器以及宗教雕塑品等，进一步证实了这一推论。因此，辽宁地域东北部也成了人类的主要聚居地。

辽宁地域南部半岛在新石器时代也是人类活动集中的区域。自小珠山一期文化时期起，如王家村东岗遗址等地的人类活动明显增多。随着小珠山三期文化的发展，郭家村下层遗址、文家屯遗址、王家屯遗址、柏岚子遗址等陆续被发现。到了小珠山四期文化时期，大连地区出现了郭家村遗址、大潘家村遗址、石灰窑遗址等。这些遗址的出现表明了半岛南部的人类活动非常活跃。

三、辽宁地域青铜时代遗址空间分析

考古发掘揭示了辽宁地域有 397 个青铜时代遗址，这一数字相比新石器时代有了显著增长。这一变化预示着辽宁在青铜时代经历了深远的社会、经济和文化转变。这些遗址的存在对于解读辽宁在青铜时代的历史和文化背景具有极其重要的学术价值。

1. 人类活动由沿海平原地区向山地扩展

在青铜时代，遗址的地理分布呈现出一些变化。虽然主要集中在沿海平原，但与新石器时代相比，沿海丘陵和中部山地的遗址数量有所增长，且遗址的平均海拔也有所提高。具体来说，56.7% 的遗址位于海拔 0~20 米的区域，占总数 76.6% 的遗址位于海拔 100 米以下。此外，还有一部分遗址分布在海拔 20~300 米，甚至 300 米以上的地区。因此，尽管青铜时代分布在海拔更高地区的遗址数量有所增加，但总体上，其仍主要分中在低海拔地区。

在海拔特性方面，新石器时代与青铜时代的遗址分布存在显著差异。首先，随着人类活动范围的扩大，低海拔地区的居住选择明显增加。新石器时代遗址中，海拔不超过 20 米的遗址占 39.3%，而在青铜时代，这一比例增至 56.7%，表明青铜时代人类更倾向于选择海拔 20 米以下的地区居住。其次，尽管青铜时代大多数人类选择低海拔地区，但在高海拔地区的居住选择也有所增加。具体来说，青铜时代海拔 100 米以上的遗址占 23.4%，最高海拔达 362 米，而新石器时代的相应比例仅为 6.4%，最高海拔为 148 米。因此，青铜时代的居住特征呈现出两极化趋势，即低海拔和高海拔地区的遗址数量都有所增加，但总体上，低海拔地区仍是主要的居住选择。

在青铜时代，大连地区的遗址主要分布在喀斯特地貌的低山和高丘陵，以及侵蚀剥蚀的高丘陵和低丘陵。尽管这个地区的海拔相对较高，但是大部分的遗址仍然集中在沿海平原地带，这表明人类在这个时期更倾向于在地势较为平缓的冲积平原和低丘陵地带居住。此外，也有一部分遗址分布在中部侵蚀剥蚀地貌的低山地带，可以看出在青铜时代，人类的居住地主要集中在地势较为平缓的地区。

2. 居住点选址趋向多样化, 更加适宜生活

在对遗址点的坡度分布进行统计分析后, 发现遗址点的分布在各个坡度区间都有所体现。具体来说, 坡度在0°~3°的遗址点有112个, 坡度在3°~6°的遗址点有121个, 坡度在6°~10°的遗址点有76个, 坡度在10°~15°的遗址点有30个, 而坡度在15°以上的遗址点有58个。值得注意的是, 坡度在0°~6°之间的遗址点数量占总数的58.7%, 而坡度在10°以上的遗址点数量仅占总数的22.2%。数据表明, 尽管坡度较高的地方的遗址点数量有所增加, 但大多数人仍倾向于选择在平坡或缓坡的地方居住。

在居住习惯方面, 青铜时代仍然沿袭了新石器时代的选择偏向, 人们优先选择坡度比较平缓的地域定居。在新石器时代, 坡度介于0°~6°的遗址占总数量的55.9%, 但是到了青铜时代, 这个比例稍有提高, 达到了58.7%, 总计233个遗址区域, 反映出微小的增长态势。对于坡度相对陡峭的地域, 即便新石器时代的遗址数量会随着坡度上升而降低, 但是青铜时代的遗址数量在坡度超过15°的地方却显著增多, 同时在坡度超过10°的遗址区域亦有所增长。这88个位于坡度超过10°的青铜时代遗址区域的存在, 部分缘由是半岛南部的丘陵地势和地形的较大起伏影响了遗址坡度。另外, 在遗址位于半岛中部山区的情况下, 夏季常有山洪、泥石流等自然灾害的发生, 人们为了避开这些灾害, 选择在较陡的坡度地方生活。因此, 青铜时代的遗址坡度特性表明人类能在地形影响较小的坡度温和或者较陡的地方安定生活。

从数据分析来看, 青铜时代遗址的坡向分布表现出较高的均匀性, 除了平地遗址数量相对较少之外, 其他方向的遗址数量均超过30个。这种现象与青铜时代遗址更广泛的分布范围和多样化的地形特征有关, 与新石器时代的遗址分布特征存在显著差异。青铜时代的居民生活模式多元化, 对季风和光照的需求各异, 从而影响了他们选择不同坡向的居住地。

统计数据显示, 青铜时代东南、南、西南三个南向方向的遗址点数量占优, 共计170个, 占总数的42.8%。在新石器时代, 大多数遗址点选择东北和东向, 主要是为了规避季风影响, 尽管这并未最大化利用光照。然而, 随着青铜时代的到来, 人们开始认识到光照对生活和生产的关键作用, 因此更

多选择了东南、南、西南等向南方向居住。同时，随着农业的进步，人们为了提升农业产出，也更偏向于选择光照条件良好的地点定居。

3. 生产生活对水的需求量增大

在探讨青铜时代遗址的地理分布特征时，河流的存在显得尤为重要。尤其在中部山地地区，遗址的分布与河流的距离密切相关，这反映了当时取水难度较大的生活现状。在青铜时代，农业成为主要经济形态，对水资源的需求随之增加。因此，为了满足农业生产的需要，人们选择在接近河流的地方建立遗址，以便获取水资源。据此推断，在辽宁地域，青铜时代的遗址主要集中在河流附近，特别是中部山地的遗址更倾向于选择靠近河流的地点，这是为了满足农业发展对水资源的需求。

遗址点在青铜时代的分布相当散乱，这导致了各区域遗址点与河流分级点的位置存在差异。在中部山区，大部分遗址点位于二、三级河流，而四级河流处的遗址点较少。这是由于山区遗址点的位置需要尽可能靠近主流，以确保在非降雨季节也能有足够的水源供应生产和生活。而五级河流由于地形起伏大，降雨量少的时候容易出现断流现象，这会对生活用水的供应造成影响。然而，半岛南端的情况恰恰相反，这里的遗址点大多分布在五级河流，四级河流处的遗址点较少。这是因为半岛南端的河流数量有限，主要是五级河流，但由于该地区降雨量较大，五级河流的水量仍能满足当地居民的生产和生活需求。

4. 遗址点对河流的依存度呈现两极分化

在青铜时代，遗址的主要分布区域集中在河流附近。在距离河流5000米的缓冲区内，共发现273处遗址，其中，距离河流500米以内的遗址数量最多，达到65个，占总遗址数量的23.8%。其次，距离河流3000~4000米的遗址数量为63个，占总数量的23.1%；距离河流4000~5000米的遗址数量为57个，占总数量的20.9%。综合来看，这三个距离范围内的遗址数量占总数量的67.8%。

青铜时代的遗址点呈现出分散的分布模式，主要集中在辽宁南端，半岛中部山地和黄海岛屿也有所分布。相较于新石器时代的遗址点大多远离河流，青铜时代的遗址点则更靠近河流附近。具体来说,有 69 个遗址点位于河流 1000 米以内,14 个遗址点位于河流 1000~2000 米,而在 3000~5000 米的范围内仍有 104 个遗址点。

这种分布模式揭示了不同时期生产方式的变迁。随着农业的发展,靠近河流的区域变得更为重要,因此,距离河流 1000 米以内的遗址点数量增加。而在沿海地区,由于人们主要从事渔猎业,遗址点相对远离河流。此外,位于半岛中部山区的遗址点通常靠近河流,因为山区水资源稀缺,为了生活便利,人们不得不选择靠近河流的地方居住。

5. 人类活动呈现出大聚集、小分散的特征

遗址集中地位于半岛南端,而在半岛中部山区和黄海岛屿上则呈现分散的分布特征。新石器时代与青铜时代的显著差异之一在于新石器时代的众多遗址分布在黄海的诸多岛屿上,而在青铜时代,大长山岛上的遗址点数量有所减少,大部分遗址点转移到半岛上。

新石器时代的人口增长和环境变迁促使人类从岛屿向陆地迁移,这一观点在考古学文化序列中得到了验证。小珠山遗址的新石器时代考古文化序列和双砣子遗址的青铜时代考古文化序列揭示了人类活动中心的转变。然而,青铜时代的遗址主要集中在半岛南部,这可能与山东半岛文化对辽宁地域的影响有关。从新石器时代晚期开始,山东半岛文化开始对辽宁地域产生影响,并在青铜时代早期达到顶峰。然而,到了青铜时代晚期,山东半岛对辽宁地域的影响逐渐减弱,辽宁地域本土文化开始崛起并向北部扩展。因此,青铜时代遗址的分布特征是早期集中在半岛南部,后期开始向北部扩展,形成了分散的分布特征。

第二节　新石器至青铜时代辽宁地域文化的初步发展

大约在七千年前,新石器时代的曙光照亮了辽宁地域,留下了丰富的遗址和遗迹。这一时期,辽宁地域见证了农业和畜牧业的崛起,以及采集和渔猎技术的改良,这些都引发了人类生活方式的重大转变。人类开始定居,为辽宁地域的文化发展奠定了基础。遗址和遗迹广泛分布在辽宁地域的内陆和长海各县，尤以旅顺和长海县的岛屿最为密集。随着时间的推移，辽宁地域的人口迅速增长，社会团体逐渐稳定并形成层次化的社会结构。各团体间的交流日益频繁，文化特征逐渐显现，通过吸收先进的文化元素、资源交换、思想交流和通婚等方式，促进辽宁地域各地文化的交流，使得辽宁地域的文明初露端倪。

约四千年前，辽宁地域步入了青铜时代，此时期一直持续到公元前2000年左右，经历了夏、商、周等历史阶段。青铜时代的代表性遗址包括双砣子一、二、三时期遗址，大嘴子遗址一期、二期、三期，以及春秋战国时期的普兰店市双房文化遗址。相较于新石器时代，青铜时代的辽宁地域在社会和经济方面取得了显著的进步。人类开始向陆地转移，农业逐渐成为占主导地位的生计方式，海洋文化逐步向农耕文化转变，但海洋文化在生产和生活中仍占有重要地位。在文化层面，人口的进一步集中使得不同文化开始交流融合，辽宁地域的青铜文化在新石器时代的基础上得到了进一步发展，形成了具有辽宁地域特色的文化。

一、新石器时代辽宁地域文化的出现

1. 渔猎文化的最初盛行

小珠山一期文化是辽宁地域新石器时代最早的文化，其遗址主要位于黄海岛屿和沿岸地区。这是由于当时的人类选择在生态环境丰富的黄海附近定居，以渔业和滩涂采集为主要生活方式。在这个阶段，人类的经济基础以自然资源为主，以山海为生。在小珠山一期文化的地区，渔业在经济生活中出现的时间早于农业，人们与海洋建立了紧密的联系，依赖海洋获取生活所需。由于生产工具的限制，人们主要在沿海滩涂采集贝壳、藻类和鱼虾等，随着时间的推移，这些贝壳堆积形成了特殊的贝丘。

小珠山遗址的发掘揭示了大量的贝壳堆积形成的文化层，贝壳层和土层之间常有交替出现。在小珠山一期文化之后，尽管农业有所发展，但渔业仍然占据主导地位。以大连王家村遗址为例，该遗址是典型的贝丘遗址，发掘过程中发现了大量的贝壳和渔业工具,如石制网坠等,并且发现了大量的鱼骨。在丹东市东沟县的后洼遗址中,也发现了大量的贝壳堆积和捕鱼工具。这些都证实了渔业在辽宁地域新石器时代的重要地位。

在狩猎方面,小珠山遗址和北吴屯遗址出土了多种动物骸骨,包括鹿、獐、猪等,以及狍、马、牛、熊、虎等。狩猎工具的多样化使得捕猎更为便捷。在新石器时代的遗址中,出土了大量的石镞、石刀、石剑等狩猎工具,这表明捕猎在当时的生活中占据了重要地位。小珠山三期文化时期出土的生产工具中,渔猎工具所占的比例为35%,远超过农业工具13%的比例,这说明当时小珠山的主要经济方式仍以渔猎为主,农业为辅(见表5.1)。

表 5.1　小珠山三期文化生产工具分析

工具	农业工具	渔猎工具	加工工具	纺织工具	合计
数量	130	332	97	401	960
占比	13%	35%	10%	42%	100%

资料来源:徐昭峰. 辽宁地域新石器至青铜时代考古学文化研究 [M]. 北京:中华书局,2019:84.

在小珠山一期文化时期,农业初现端倪,尽管其发展水平尚处于初始阶段,农业工具仅限于石磨盘、石磨棒、石杵等基础设备,且遗址中未见农业遗物。然而,到了小珠山二期文化时期,农业专用工具如石铲、石锄等的出现,标志着农业生产已步入新的发展阶段。进入小珠山三期文化时期,农业生产工具的种类和数量进一步增加,如郭家村遗址出土的大量农具。同时,吴家村和王家村遗址中发现的炭化种子和植物遗存表明,农作物的种类开始丰富。随着时间推移,农业发展水平逐步提升。在新石器五期时,农作物遗存大量出现,包括水稻和小麦等新型农作物。农具的比例也从小珠山一期文化时期的 1.2%增加到小珠山五期文化时期的 50%(见表5.2),反映出农业地位的逐渐提升。虽然不同地区农业发展程度存在差异,例如,辽宁地域东北部的农业发展程度较高,但总体来说,到新石器时代末期,农业已经成为社会主要的生产方式。

表 5.2　小珠山一至五期农业工具统计

	小珠山一、二期	小珠山三期	小珠山四期	小珠山五期	合计
农业工具	5	113	85	203	406
占比	1.2%	27.8%	21%	50%	100%

　　资料来源：赵美涵. 辽宁地域地区新石器时代至青铜时代农业产生与发展［D］. 大连：辽宁师范大学，2017.

　　农业的发展历程可谓是从缓慢到加速的过程。从最初的刀耕火种，到农具的逐步增加，再到农作物种类的多样化和农业工具的比例提升，新石器时代的农业已经发展到了相对成熟的阶段。虽然不同地域的农业发展水平存在差异，但总体来说，农业已经成为社会的主导产业。

2. 多元文化的逐渐并存

　　辽宁，作为中国东北地区的关键部分，展示了南部与东北部各自独特的生活模式和文化属性。南部地域，包括黄海岛屿，以渔猎业为主的经济活动形成了其特有的生活方式。这一区域因拥有丰富的海洋资源，使得渔猎活动成为当地民众的主要经济来源。由于其独特的地理环境，南部地区的生活习惯和文化传统与海洋紧密相连，从而塑造出独特的渔猎文化。

　　（1）辽宁地域的文化多元性体现在与其他地区的文化交流频繁

　　从新石器时代起，辽宁地域的文化已经开始接受来自其他地方的影响。关于小珠山一期文化的源头，学界存在两种主要观点：一种观点认为其是小珠山二期文化的直接延续，且小珠山一期文化的根源可以追溯到新乐文化；另一种观点则认为其起源于兴隆洼文化。尽管观点不一，但无可置疑的是，西辽河流域对小珠山一期文化产生了显著影响。此后，小珠山文化逐渐发展并在黄海岛屿及沿海地区广泛传播。

　　除了与西辽河地区的文化交流，山东半岛文化对辽宁地域新石器时代文化产生了深远影响。虽然在小珠山一期文化时期，辽宁地域与胶东半岛已有所接触，但其影响并不显著。然而，到了小珠山二期文化即山东半岛的邱家村文化时期和北庄文化时期，两地的交流逐渐增多。在小珠山下层、吴家村和郭家村下层的遗址中，发现了与邱家村文化时期、北庄文化时期相同的器物，如鼎、盉、豆、杯，以及彩陶片等。这些与山东蓬莱紫荆山、烟台白石村、长岛北庄等遗址出土的大汶口文化器物极为相似。因此，受到辽西文化和山东半岛文化的双重影响，辽宁地域形成了其独特的多元文化特征。

（2）辽宁地域形成了三个主要的文化区域：长海诸岛、半岛南部和半岛东北部

在早期交流受限的情况下，三个地区各自在不同文化影响下形成了其独特的文化属性。辽宁的长海诸岛，作为该地区最早涌现史前文明的地方，深受辽西文化的熏陶。然而，随着时间的推移，其逐步塑造出了其独有的海洋文化特征。

半岛南部地区则是受山东半岛文化影响最为深刻，许多考古遗址出土的文物都与山东半岛有关。然而，在新石器时代，山东半岛文化对辽宁地域的影响并不均衡，对北部地区的影响相对较轻，而对南部地区的影响则相当显著。

半岛东北部在早期受小珠山文化影响深远。由于其地理位置相对偏远，并且同时受到太子河上游文化的影响，逐渐发展出与小珠山文化相互关联但又独立的后洼文化。

因此，新石器时代的辽宁地域并未形成统一的文化，而是呈现出这三种地区性文化共存的多元化特征，表现出分散而非统一的文化景象。

二、青铜时代辽宁地域文化的发展

随着经济形式从主要依赖渔猎的混合经济模式向以农业为主的混合经济模式的转变，人类的生产和生活方式逐渐多元化。这种经济转型所引发的多元化趋势，进一步催生了文化的多样性。

1. 文化内涵上体现为农耕文化占主导

在青铜时代，辽宁地域的农业经济发展显著，经济形态由以渔猎为主转变为以农耕为主。相较于新石器时代，海岛遗址的数量大幅度减少，陆地遗址的数量则增多，这反映出人类活动的重心由海洋转向陆地，经济活动也由渔业向农业转变。

在这个时期，辽宁地域的农作物种类更趋丰富，遗址出土的农作物种子

包括水稻、小麦以及可能为高粱的谷物，显示出农业的多元化特征。通过对不同遗址的浮选研究，发现了水稻、粟和黍等农作物种子，其中水稻的比例显著高于粟和黍，这表明稻作农业正在逐步取代传统的旱作农业，成为主导农业形态。

同时，农业工具的数量和种类也在不断增加，这进一步证明了辽宁地域农业经济的快速发展。从双砣子和大嘴子遗址出土的农业工具来看，其数量和所占比例逐渐增大，这说明农业经济得到显著的发展（见表5.3、表5.4）。

表5.3　双砣子遗址一至三期农业工具统计

遗址	斧	铲	刀	总计	占比
双砣子一期文化	16	1	5	22	9.6%
双砣子二期文化	26	1	19	46	20.1%
双砣子三期文化	99	—	62	161	70.3%
总计	141	2	86	229	100%

资料来源：徐昭峰. 辽宁地域新石器至青铜时代考古学文化研究 ［M］. 北京：中华书局，2019：290.

表5.4　大嘴子遗址一至三期农业工具统计

遗址	大嘴子一期文化		大嘴子二期文化		大嘴子三期文化				总计
	石刀	石斧	石杵	石刀	石斧	石刀	石斧	石杵	磨棒	
大嘴子遗址	1	6	2	4	6	193	276	6	6	
合计	9		10		481					500
占比	1.8%		2%		96.2%					100%

资料来源：徐昭峰. 辽宁地域新石器至青铜时代考古学文化研究 ［M］. 北京：中华书局，2019：291.

在青铜时代，辽宁地域的经济主导力量仍然是农业，然而，渔业在这一地域也扮演了重要角色。遗址的发掘揭示了该时期渔业的高度发展，尤其是在双砣子地区，大量的石、陶网坠被发现，包括一些重达2千克的巨型石网坠，这些都证明了深海渔业的存在。此外，针对不同的渔业作业方式，如弓箭射鱼、鱼叉捕鱼、钓鱼以及网捕等，青铜时代都有显著的进步。除了网捕，捕鱼卡也被广泛应用于钓鱼。由于人类在青铜时代主要聚居在辽宁地域的南端,沿海地区的特性使得渔业得以持续发展,成为这一时期不可忽视的经济活动。

然而,尽管每个遗址的经济活动可能因地理位置的差异而有所不同,但总的来说,农业在辽宁地域的经济生活中仍然占据主导地位。以临海或双砣子地区为例,虽然渔业是主要的经济活动,但在整个辽宁地域,农业的比重仍然超过了渔业,因此,农业仍是该地区的主要经济方式。

2. 文化形式上表现为多元文化的融合

文化交流在辽宁与山东半岛之间发挥了关键的催化作用,对辽宁地域的农业进步和地域文化整合产生了显著影响。

(1) 在青铜时代早期,辽宁地域加强了与山东地域之间的交流,并在双砣子二期文化时期达到巅峰。辽宁地域的文化主要受到山东半岛岳石文化的深远影响。在双砣子一期文化时期,大量出土的文物与山东长岛县砣矶岛大口遗址一期文化有着显著的相似性。进入双砣子二期文化时期,岳石文化的影响更为深入。这些文化的互动促使辽宁地域的文化逐步呈现出以山东文化为主导的特征。

(2) 在青铜文化后期,辽宁地域逐渐发展出了以山东文化为主、多元融合的特征。尽管辽宁地域的本土文化在双砣子三期文化之后崛起,但山东文化的影响仍然深远。例如,辽宁地域发现的土圹墓和瓮棺墓与中原地区的墓葬形式完全相符,这些都是中原地区的特征。此外,石棚也是辽宁地域文化中的独特元素。青铜短剑的大量出现标志着辽宁地域金属冶铸业的繁荣。这些特征揭示了辽宁地域文化的多样性和独特性。

因此,辽宁地域与山东半岛的文化交流不仅促进了辽宁地域农业的发展,形成了以农业为主导的混合经济模式,同时也进一步推动了辽宁地域文化的内部融合,形成了具有独特特色的地域文化。这种文化交流和融合在辽宁地域的历史发展中发挥了关键的推动作用。

3. 文化性质上土著文化向夷文化转变

辽宁区域的早期人类活动始于旧石器时代,主要聚集在半岛北部,此为东北古人类的活动区域。随着新石器时期的来临，东北古人类从辽西一带迁移到黄海岛屿，这预示着大规模的人类活动的开展。由此，辽宁区域最初的人类群体仍然是东北的土著居民。在新石器时代早期阶段，虽然环境变迁引发了一些文化转变，但辽宁区域的文化实质上还是东北土著居民文化的一部分。

随着与山东半岛交流的开启，辽宁地域的土著居民文化渐趋夷文化。夷文化出自东北至淮河地带的居民，各地区的文化虽有所差异，山东却是夷文化的主要产地。山东的大汶口文化和龙山文化是夷文化的典型，而非华夏文化的分支。因此，辽宁地域在新石器时代和青铜时代的文化启迪主要来源于山东半岛的夷文化。夷文化以其神秘主义特色著称，如祖先崇拜、太阳崇拜，以及对神灵和巫术的重视等，这种神源观念在辽宁地域的史前遗址和墓穴中得到了生动的反映。同时，两地的经济类型、生产模式、生活方式以及陶器的制作均有相似，这一时期的辽宁地域与东夷文化有许多共通之处。纵然在这个过程中，辽宁地域的地方文化仍保留了东北土著居民文化的一些元素，但总的来说，已经渐渐融入夷文化，成为了其中的一部分。

第三节　辽宁地域文化的交流融合与形成之旅

历史上辽宁地域文化逐渐与中原文化融合，最终成为中原文化圈的一部分。在战国时期，辽宁地域被燕国纳入其统治范围，实施郡县制，从而加强了中原文化在辽东地域的传播。汉代时期，汉文化在辽宁地域的广泛传播和与当地文化的结合，为该地域的文化发展奠定了基础。

在之后的千年里，辽宁地域一直处于北方少数民族的统治下，地域文化的发展呈现出汉文化与少数民族文化相互影响和融合的趋势。然而，汉文化始终是辽宁地域文化的主导，同时吸纳并融合了其他少数民族文化的元素，展现出多元化的特征。

明清时期，辽宁地域社会的稳定促进了地域文化的全面复兴。辽东的经济发展、人口增长、城市化进程以及贸易和交通的繁荣，为地域文化的复兴创造了有利条件。在这一时期,辽宁地域的文化最终形成,并在明清时期达到了顶峰。

总的来说,辽宁地域文化的发展历程包括与中原文化的融合、与少数民族文化的交流和融合。在汉代以后的千年里,汉文化始终是辽宁地域文化的主导,同时与其他少数民族文化相互影响和融合,呈现出多元化的特征。明清时期,辽宁地域文化得到全面复兴,成为该地区的文化代表。

一、秦汉时期辽宁地域文化的转型

在春秋战国时期,中原各诸侯国拓展疆土导致了文化的广泛传播。公元前 300 年,燕昭王命令秦开在辽东地区建立郡县,这标志着辽宁区域首次被纳入中原政权统治,进而引入中原文化。尽管经历了秦国统一六国和秦末动乱,但辽宁区域的中原文化发展并未中止,反而在西汉时期获得了更大的繁荣。

两汉时期中原文化对辽宁地域产生了深刻的影响。郡县制度的巩固促使辽宁地域从"方国文化"转向"郡县文化",并触发了聚落形态和社会结构的相应调整。中原的先进农业技术传入,使得农业在辽宁地域的经济中成为主导。在文化方面,虽然中原文化的影响逐渐增强,但海洋特征依然突出。

总之,秦汉时代辽宁地域的文化与中原发展同步,并为未来进步奠定了坚实基础。

1. 早期城市出现,城市文化逐渐兴起

在青铜时代的末期,辽宁区域逐渐形成了氏族部落结构,并步入了阶级社会,尽管其政治发展相对滞后,未能并入中原政权,但是,公元前 300 年,燕国对辽宁的影响力显著增强。燕昭王指派秦开领兵北征东胡,成功将辽东区域纳入燕国版图。

为了巩固新的领土,燕国在辽东设立了行政郡,设治于襄平(今辽阳市老城),管辖范围覆盖了现今辽宁大凌河以东、辽宁区域以及朝鲜半岛西北部地区。这一举措标志着辽宁区域开始受到中原政权的直接统治,并建立了行

政机构,部落结构逐渐演变为城市结构。尽管后续经历秦朝统一六国以及西汉、东汉的朝代更迭,辽宁地域的基础行政单位并未发生重大变化。实际上,在西汉和东汉的稳定时期,辽宁地域的城市化进程加速,从而开启了古代城市的发展历程,一直延续到近代工业城市的兴起。

(1) 城市出现促进辽宁地域快速发展

古代城市的兴起在辽宁地域的发展中发挥了积极的推动作用。在燕国的统治下,辽东郡的具体地址已经无法追溯,而秦朝对辽宁地域的郡县制的影响并不显著,因此,本书的研究重点将放在汉代的古城上。汉代的辽东郡包括沓氏县、平郭县和文县(在东汉时期称为汶县)。

对于这些县的具体位置,学界的观点并不统一。平郭县的位置争议较小,基本可以确定其位于熊岳镇稍东地区。沓氏县的位置,有学者通过实地考察认为是张店汉城,也有学者认为是位于辽宁地域最南端的大连旅顺口区牧羊城。文县的位置,有的学者认为是今营口汤池乡附近的英守沟古城,有的认为是今普兰店,还有的认为是今海城析木城古城。本书采用的沓氏县和文县的位置,是基于谭其骧《中国历史地图集》中的标注,即沓氏县在今大连湾附近,文县在营口汤池乡英守沟古城附近。

从地理方位来看,除了沓氏县位于半岛南端外,平郭县和文县都处于半岛西部,靠近渤海沿岸。汉代时,辽宁区域出现了众多首尔,如张店首尔、大岭城首尔、营城子首尔、牧羊城首尔和陈屯首尔等,这些首尔主要散布在半岛南部与渤海沿岸地带。城市作为区域政治、经济和文化的核心,对社会经济发展发挥着重要推动力的作用。辽宁地域出现如此多的首尔,意味着其经济和文化已经升至新高峰,将辽宁地域塑造成东北地区的政治、经济与文化重镇。

(2) 郡县制的设立为中原文化发展奠定基础

辽东郡以及辽宁地域各县的建立,标志着中央与地方交通的全面畅通。在汉代,辽宁地域主要通过陆路与中原腹地保持联系,其中并海道作为关键的交通要道,串联了营口、盖州、瓦房店、普兰店、甘井子、旅顺、金州、庄河和丹东等地,全长大约30千米。汉代的城市主要集中在辽宁地域南端至营口一带，这与并海道的路线高度吻合。

这个地区位于渤海和辽东湾的临近地带，与山东半岛紧密相连，是连接中原内地与辽宁地域的最近、最便捷的通道。此外，其与辽东郡的郡治辽阳城的交通比黄海沿岸更为便利。随着辽宁地域城市群的兴起，金州地区逐步发展为秦汉时期辽宁地域的行政中心。在汉代的古城中，有 7 个位于金州地区，这得益于金州的地理位置优势和较为平坦的地形。金州地区是辽宁地域东西两侧的交汇点，向东可通向朝鲜半岛，向北可达辽阳，向西则可直通关内，向南则可达大连地区，甚至可以通过海路到达山东半岛，进而连接中原。因此，金州地区作为交通枢纽，人口密集，城市聚集，推动了城市文化的繁荣。

辽宁地域进入封建时代的标志是郡县制的建立，这使得中原文化得以直接渗透到辽宁的各个领域。其中，城市文化的影响尤为明显，尽管其海洋特性与中原城市文化有所区别，但在其他方面，两者的相似性显而易见。

城市，作为郡县制度的文化表现，显著区别于基于血缘关系的原始"聚落"或"城邦"文化。因此，辽宁的城市首先展现了其人文特质，承担着地域社会管理和文化传播的职能。此外，城市文化也体现了多元的管理职能，尤其在辽宁地域，城市的管理功能成为城市文化的重要组成部分。随着时间的推移，城市的军事功能也逐渐显现。封建典制，特别是儒学的引入，使得城市更加集中地体现了封建制度的特性，这在辽宁的城市中表现得尤为明显。建筑文化的发展，如大连地区墓葬中发现的精美陶楼模型，也突显了秦汉时期城市文化的成熟。

总的来说，郡县制的建立使得中原文化得以直接影响辽宁地域，包括社会人文、艺术和典制文化等各个领域。城市文化的发展和推动使得辽宁地域快速向中原靠拢，同时引入的汉文化也推动了半岛的汉化进程。

2. 夷文化向汉文化转变

从新石器时代中晚期开始，辽宁区域的文化逐步从土著文化向山东半岛的夷文化转化，尤其在被燕国纳入其统治范围后，半岛的地域文化开始显现出鲜明的汉化特征。在战国之前，辽宁区域与中原的交流主要通过山东半岛，到了西周时期，齐国的建立使大量中原文化涌入山东，助推了山东文化从夷文化向汉文化的转型。春秋战国时期，齐鲁文化的兴旺使其成为汉文化的重要组成部分。通过考察辽宁地域的汉墓分布，可以发现其与汉代古城的分布具有高度一致性，主要集中在半岛的西侧和渤海沿岸。

在探索汉墓的文化元素时，发现其主要属于汉文化范畴，这表明中原文化在当时已经广泛传播并占主导地位。辽宁地域的汉墓，除了沿海的贝壳墓外，其余如砖石墓和壁画墓在建筑形制、内部结构、使用材料以及丰富的随葬品和祭祀品等方面与内地有着显著的相似性。墓葬群的有序排列和统一的方向反映出尊重长幼、维护孝悌宗法的观念和丧葬习俗在民间已深入人心。此外，汉墓规模的大小和建筑精美程度揭示了当时存在的贫富差距和等级差别，中原地区的厚葬习俗也已传至辽宁地域。

金州、旅顺、营城子的汉墓使用的砖瓦主要为汉风砖瓦，其花纹砖除了几何设计外，同时还伴有动物和人形图案，这与中原地区的砖瓦图案存在明显的连续性。这些墓葬反映了生活习俗，从辽宁地域的墓葬来看，两汉时期中原地区的宗族礼制观念、丧葬风俗、建筑艺术以及美术雕刻等已在辽宁地域得到了明显的发展。同时，辽宁地域的汉代古城构造与中原城市相似，呈纯四方形，这表明汉文化对辽宁地域文化产生的深远影响。

在语言文字的层面，辽宁这一地区显然受到了华夏文明的深度熏陶，实质上实现了文字的华夏化。尽管秦朝的存在历程较为短暂，但是其"统一文字"法令在辽宁地域留下了深刻印记，进一步强化了辽宁地域对华夏文明的深厚接纳。根据考古研究数据，隶书，也就是从篆书衍化转变来的汉字，在汉代已经在辽宁大地蔚然成风。这类汉字的主要出现场所为墓穴，除去见于铜镜铭文、货币刻面、印章及封泥文字等处，还有部分文字被保留在以陶制品为主的陪葬品上。譬如，在营城子的汉墓中，探知的陪葬陶罐里，总共检出了22个字符，其中清晰易辨的有"羹""蹄月""脾胎""井"等字。还有，在瓦当上，文字常常是些富贵祝福的语句，如"常乐未央""家常富贵"等。这些汉字的广阔传播无疑在很大程度上推动了辽宁地域文化的汉化步伐。

在辽宁地域文化的形成与发展中，汉代儒学与谶纬神学的传入起到了关键作用。儒学作为封建主义的正统思想,经汉武帝独尊儒术政策以及郡县官吏的推广,广泛传播于辽宁地域。尤其是两汉末年,大量中原儒学人士迁至辽东,他们为传递中原文化、推广礼仪道德、改革世俗风尚做出了显著贡献。同时,谶纬神学的流行也对辽宁地域产生了影响,特别是在丧葬习俗和相关绘画中。

尽管汉文化对辽宁地域文化产生了全面影响,但半岛文化依然保持其独特性。沿海地域的特殊环境对人们的生活方式产生了深远影响。海洋文化在发现的贝壳墓中得以体现,贝壳作为沿海地区常见的材料被广泛应用于墓葬建设。此外,出土的许多具有地方特色的随葬器物,如鎏金铜贝鹿形镇子,也揭示了辽宁地域独特的文化构思。

在两汉时期,汉文化深刻影响了辽宁地域,为其后世的发展奠定了基础。虽然辽宁地域历经北方少数民族的统治,但汉文化并未消失,反而在辽宁地域保持了其活力和影响力。汉文化在辽宁地域的发展历程,虽经历了沧桑变迁,但其根基始终源于汉代。

3. 文化转型推动农业和商业与中原接轨

从青铜时代开始,辽宁地域的农业进步呈现一个明显的快速增长态势,尽管与中原地区的农业科技相比,还有一些差距,但是,当历史进入秦汉时期,尤其是汉朝,由于社会的和谐稳定以及百姓生活的安宁,农业的发展步伐已经进入一个快速增长的阶段。考古研究揭示,两汉时期的辽宁地域广泛地应用了中原地区的优越铁制农具和农作物,反映了这一地区的农耕科技已经达到了一个与中原地区相匹配的高度,这个过程为辽宁地域农耕社会的成立搭建了扎实的基础。

在汉代,辽东居民选择居住地的地理环境特征如下:在 24 个城邑中,巍霸首尔的海拔最高,达到 229 米;董家沟首尔和朱家村首尔的海拔最低,仅为 7 米。其中,海拔超过 50 米的城邑有 3 个,而海拔低于 50 米的城邑有 21 个,占总数的 87.5%。

大多数汉代城市的选址偏好地势较低、平坦的地区,这一观察结果在低海拔地段的城市选址中得到体现。研究数据显示,79% 的古城位于坡度在 0°~

6°的范围内，而超过10°的坡度上的古城仅有2座。这一数据表明，相较于青铜时代，汉代人民更倾向于选择坡度较低的地方进行居住。这种选址偏好反映了辽宁地域从青铜时代到汉代在农业发展上的显著进步。

在水源方面，汉代城邑的选址几乎都紧邻河流。水源的丰富性是中国城市选址的关键因素之一，因为城市的生存和发展离不开水源。河流的接近性不仅能满足城市的日常用水需求，还能确保农业灌溉的水源供应，这是居民定居的重要考量因素。大多数古城都坐落在四、五级水源的河流附近。人口众多的古城通常选择水量充沛的河流，而对于人口较少的古城，四、五级水源的河流也能满足其日常生产和生活的需求。

在24座汉代古城中，绝大多数（22座）均位于河流缓冲区5000米以内。具体来看，有11座古城距离河流仅500米，5座古城位于500~1000米范围，3座古城位于1000~2000米范围，1座古城位于2000~3000米范围，1座古城位于3000~4000米范围，以及1座古城位于4000~5000米范围。这些数据揭示了汉代古城与河流距离的分布特征。

对于古城的研究显示，73%的城市位于距离河流1000米范围以内，这突显了河流对城市的重要性。通过对河流的分级和缓冲区的分析，可以推断人们对水的需求在生活中的重要性有了显著的提升，这也间接反映了农业在人们生活中的重要性。

考古研究表明，铁农具和新的耕作技术的广泛推广极大地促进了辽宁地域的农业发展。汉代辽东郡平郭县的铁官的存在表明辽宁地域拥有丰富的铁矿资源，这为铁农具的推广提供了基础。此外，农作物种类的增加和水井的建设也极大地推动了辽宁地域的农业发展。

在商业贸易方面，辽宁地域在进入郡县制后，商业活动得到了蓬勃发展。辽宁地域的地理位置优越，南接山东半岛，北至辽东郡北部，西通中原，东达朝鲜半岛，成为商贸的理想地区。汉代以后，辽宁地域与内地的商贸活动更加频繁，种类也更加丰富。

经过两汉时期的发展，辽宁地域的社会经济达到了新的高度。农业的进步缩小了辽宁地域与中原地区的差距，商业的繁荣使辽宁地域与中原更加紧密地联系在一起。这些都使得辽宁地域在汉化过程中更加深入，与中原地区的关系更加密切。

二、唐、辽、金、元时期辽宁地域文化的交流融合

在魏晋时期，社会风云变幻，辽宁地域亦未能避免动荡。北边的部族民族崭露头角，使得辽宁逐步从中原政权的操控中独立出来，但反过来却时常落入异族的统治之下。历史舞台上，鲜卑、高句丽、契丹、女真、蒙古等各族的陆续侵犯，导致辽宁地域在漫长的千年间，始终处于这些部族的统治之下。在这样的历史背景之下，辽宁的地域文化深受诸多部族文化的影响，从此走上了一条错综复杂且漫延长久的发展道路。

1. 城市促进军事文化发展

辽宁地域城市发展的历程可划分为初步形成、繁荣、衰退和停滞等阶段。起源于战国时期的城市化进程，在两汉时期达到了首次高峰。然而，随着汉朝末期的诸侯割据和战乱频发，辽宁地域城市发展陷入了低谷。三国时期，该地域更是深陷战火，导致大量人口流失，城市荒废。两晋时期，辽宁地域再次遭遇动荡，由少数民族统治，前燕、后燕和北燕政权相继建立，东北诸部战乱不断，导致人口进一步减少，城市发展陷入停滞。这段时期，辽宁地域城市发展面临的主要挑战是战乱和人口流失。尽管如此，辽宁地域的城市在后续历史中仍展现出强大的生命力，不断适应时代变迁和挑战。

在鲜卑人建立的"三燕"之后，辽宁地域城市发展进入了高句丽、唐、辽、金、元等不同阶段。

在探讨辽宁地域历代城市发展的过程中，可以看到高句丽和辽金时期城市数量相对较多，而唐元时期城市数量较少。高句丽在辽宁地域的统治期间，创建了众多特色鲜明的山城，这些城市并非位于平原，而是依山而建，分布在千山山脉两侧的陡峭山势上。由于辽宁地域的地理位置，高句丽将其作为抵御中原王朝的重要防线，因此修建了大量的山城。

进入辽代，辽宁地域提升为重要的农业区，吸引了大量的农业人口，使得城市得以快速发展。辽代的城址选择了平原地形靠近河流的位置，同时，

由于辽宁地域的渔业和盐业优势，以及对外贸易的发展，使得城市更加繁荣。金代继续发展辽宁地域的农业，使得人口进一步增加，城市也进一步扩张。

唐代在辽宁地域的城市设置较少，主要是因为经过与高句丽的统一战争后，辽宁地域人口减少，同时，由于辽宁地域位于边疆，唐朝只在战略要地设置州县。元代受蒙金战争影响，辽宁地域遭受重创，许多城镇被废弃。然而，元朝初期，政府开始进行屯田，迁移了大量农户，使得辽宁地域的城镇得以恢复，但由于元朝统治时间较短，战乱频发，辽宁地域的城镇并未完全恢复。

从城市发展的角度看，高句丽时期的山城具有鲜明的军事色彩，这些城市通常建在环形山坳或周围山谷之中，大多至少一面面向缓坡山谷或平原，既考虑到军事攻守的需要，也与外界的河谷交通有关。辽代时期，辽宁地域的城邑回归平原，但仍然保持着军事文化色彩。元代时期，辽宁地域的海防地位更加重要，元朝政府在半岛南部地区设置了大量的军事防卫设施。

总的来看，在辽宁地域的城市发展历程中，南部海防要地的重要性逐渐突显，各朝各代都高度重视。这为辽宁地域在战略上确立了重要地位，推动了人口和重心向南部转移，最终形成了南部成为辽宁地域军事核心的现状。

2. 汉文化发展漫长且曲折

从秦汉时代开始，中原文化在辽宁地域取得了显著的传播，并展示出了强大的生命力和根深蒂固的特性。尽管在汉代以后，辽宁地域经历了多次异族的统治，但汉文化的传播并未中断，相反，各个统治权力如鲜卑、高句丽、契丹、女真、蒙古族等都开始了汉化的过程，吸收和学习汉文化。因此，汉文化逐渐成为辽宁地域的主导文化，并得以持续发展。然而，相较于中原地区，辽宁地域的汉文化发展仍有一定的差距。在经历了长达千年的异族统治之后，辽宁地域的汉文化发展呈现出了一种断续的特性。

（1）郡（州）县制贯穿始终

即使在"三燕"时期，当鲜卑族占据主导地位时，为了巩固其控制地位，他们仍然沿承了郡（州）县的管理体制。在高句丽、辽、金、元等少数民族建立的政权期内，他们也持续执行郡（州）县的管理制度，以便于更加有效地管理辽宁地域的居民。因此，即便在部族民族执掌时期，郡（州）县的治理体系仍得以延续，这无疑从侧面显示出，汉文化的进程并没有因此被中断。

（2）汉化进程相对落后

在三国时期，辽宁地域由于战乱频繁，文化发展受到阻碍。然而，到了"三燕"时期，社会环境相对稳定，慕容政权积极吸纳中原文化，推动了地区的经济和文化进步。高句丽时期，教育和宗教方面借鉴中原，设立学校，推动教育发展，但由于地理位置和战乱的影响，文化发展并未与中原同步。尽管受到汉化影响，但辽宁地域错过了与内地同步发展的机会，与中原文化的差距进一步拉大。

在辽金时代，辽宁地域社会安定，经济规模回升，当权者积极倡导中原的文化，让教育领域吸纳中原文化，重视儒家思想，并建立了完善的学校教育体制。科举制度开始在全国范围内推广，汉文化的影响力逐步扩大。特别是到了金朝时期，辽宁地域的汉文化达到登峰造极。

进入元朝时期，辽宁地域在经历了金朝晚期的战争动乱后，文化氛围黯淡，城市荒废休养，人口数目剧减。虽然元世祖忽必烈在位后十分重视教育的发展，但是由于辽宁地处边陲且人口密度较低，教育活跃的盛况未能恢复。在宗教信仰领域，元朝沿承了辽金时期的佛道信仰，但科举制度并未得到充分发展，社会的文化风尚也较为淡薄。尤为明显的是，作为边疆地区的辽宁，文化发展速率更加缓慢，与中原地区的距离进一步拉大，导致辽宁地域的文化发展承受了更大的压力。

3. 多民族聚居促使文化融合

自魏晋南北朝以来，辽宁地域已经成为北方少数民族的历史舞台，经历了鲜卑、高句丽、契丹、女真、蒙古等族的轮替统治。在这一千年的历史长河中，多元民族在此共生，各自的文化在交流与融合中形成了以汉文化为主的辽宁地域文化特色，展现出多元文化共存、交相辉映的景象。

辽宁地域，因其地理位置的优势，一直是多民族交融的重要节点。自魏晋时期起，这种多元民族交流的现象越发显著。在民族组成上，从三燕和高句丽时期开始，鲜卑和高句丽人就已经在辽宁地域定居。到了辽代，辽宁地域的人口构成更加多元化，包括汉族、高句丽、契丹、女真、渤海等民族。其中，女真和渤海人的出现，是由于辽人为了更好管理，强制迁移了东北的女真人和渤海人至辽宁地域。金代时期，契丹人逐渐融入了女真人和汉人之中，而辽宁地域的主要民族则有汉人、女真人、渤海人等。元代时期，蒙古族也成了辽宁地域中民族的一部分。在辽金元时期，大量的汉族人口也被迁入辽宁地域，以发展农业。因此，以汉族为主的辽宁地域，形成了多民族共生的格局，为文化的多元融合奠定了基础。

辽宁地域的文化，在汉文化的基础上，融入了少数民族的特色，例如，在高句丽时期，山城的修筑就是其最显著的民族特色。这些山城主要分布在辽宁地域的千山山脉两侧和中部山地，多修筑在高山曲谷处，主要用于军事防御。

辽宁地域的高句丽山城布局特征和军事功能显著，其不规则的布局和内部结构，如半地穴式建筑和简易住宅，与中原地区城市的规整布局形成鲜明对比，揭示了高句丽独特的建筑风格。

在辽金时期，尽管各民族生活习惯存在差异，但由于长期的共同生产和生活，文化同化趋势逐渐显现。辽代辽宁地域汉人不仅吸纳了汉族的大部分节日，也逐步接纳了其他民族的节日，如契丹民族的腊辰节、放偷日、中和节和烧甲节等，这些节日在辽宁地域得到广泛传播。到了金代，女真化政策的推行使得汉人与女真人的交流增多，女真人的服饰在汉人中开始流行，辽宁地域的汉人和渤海人的服饰可能与女真人更为接近。此外，金代的放偷日和重午节也被汉人接受，并在辽宁地域得到广泛传播。

在高句丽、契丹、女真、蒙古等多民族共居的环境中，各民族的文化开始交融。虽然汉文化的影响日益深入，但其他民族的文化也对汉人产生了深远影响。例如，辽宁地域的高句丽山城建筑、辽代的节令、金代的服饰和节日等。然而，总的来看，少数民族的汉化是主流趋势，在此期间，辽宁地域形成了以汉文化为主导，各民族文化共同繁荣的文化格局，对后期的辽宁地域文化产生了深远影响。

4. 文化融合衍生新文化

秦汉时代，辽宁地域已经建立了农业社会的基本架构。随着魏晋南北朝的辗转，农业的中心地位进一步得到加强。高句丽在其建立之初，就顺利地从以渔猎为主的社会转移为以农耕为主的社会，实现了农业的飞速崛起。纵然辽金元是由游牧和渔猎部族组成，辽宁地域仍被视为传统的农耕地带，并得到了当权者的大规模支持。并行的是，在农业迅猛发展期间，渔业和畜牧业也得到了稳定的增长，使得辽宁地域的经济以农业为主干，各领域融洽发展。

在辽宁区域，共发现了 43 座高句丽山城，海拔范围从最低的 9 米到最高的 591 米。详细来说，海拔低于 100 米的山城有 10 座；海拔在 100~200 米之间的有 15 座；海拔在 200~300 米之间的有 9 座；海拔在 300~400 米之间的有 5 座；海拔超过 400 米的有 4 座。这表明，高句丽山城通常位于海拔较高的地方。在坡度方面，高句丽山城中有 9 座位于 0°~6° 的坡度范围内；有 9 座位于 6°~10° 的范围内；而有 25 座位于 10° 以上的陡坡上，其中最陡峭的坡度达到了 30°。

高句丽山城的地理分布特征主要表现为海拔较高且多位于陡坡上，这可能是由于高句丽人民出于防御需求，选择在地势较高和坡度较陡的地方建设山城，以便更有效地抵御敌人。另一个显著特征是，高句丽山城大多分布在辽宁地域的河流附近，尤其是大洋河、碧流河、复州河、熊岳河、大清河、沙河等流域。这些山城几乎都临近一条河道，形成了独特的山河地势。

在研究区域内，山城的分布呈现出明显的区间差异。在 500 米范围内，观察到有 18 座山城；在 500 至 1000 米的区间，有 5 座山城；在 1000 至 2000 米的区间，山城数量增加至 12 座；在 2000 至 3000 米和 3000 至 4000 米的区间，山城数量稳定在 4 座。值得注意的是，79% 的山城（共 35 座）位于距离河流 2000 米以内的区域。这一发现揭示了山城分布与地理环境的密切关系。

经过高程和坡度分析，发现高句丽山城主要位于海拔较高、坡度较陡的山地。水文、河流分级和缓冲区分析进一步揭示了山城大多靠近河流，且大部分距离河流相当近，这为农业提供了丰富的水源。

辽宁地域共发现 27 座辽代古城，海拔范围从 8 米到 164 米。具体来说，海拔在 0~50 米的古城有 19 座，海拔在 50~100 米的古城有 6 座，海拔超过 100 米的古城只有 2 座。这表明辽代城市偏好低海拔平原地带，与高句丽时期偏好高海拔地带的特点明显不同。坡度分析显示，古城主要位于平坡或缓坡地带。水文状况分析揭示了所有辽代古城都位于河流沿岸，这突显了河流对城市的重要性。河流分级图显示，城市主要分布在四、五级和二、三级河流处，且更倾向于选择流量较大的河流。河流缓冲区图显示，大多数城市（81%）位于距河流 1000 米以内的地方，这进一步凸显了辽代城市对河流的高度依赖。

辽宁地域共发现 27 座金代古城，海拔范围从 8 米到 199 米。海拔在 0~50 米的城市有 17 座，50~100 米的城市有 5 座，海拔超过 100 米的城市有 5 座。这表明，尽管金代城市大部分仍位于低海拔平原地带，但高海拔城市有所增加。坡度分析显示，金代古城偏好平坡或缓坡地带。水文图显示，所有金代古城都位于河流沿岸，这表明金代城市对河流的依赖性同样很强。总的来说，金代城市的分布特点表明，虽然大部分城市仍位于低海拔平原地带，但高海拔城市有所增加。古城的坡度偏低，多被修筑在平坡或缓坡处。古城也都位于河流沿岸，更靠近流量较大的河流。城市在河流缓冲区附近集中分布，表明金代城市对河流的依赖性很强。

辽宁地域的元代城市数量相对较少，已被发现的只有 11 个。这些城市的海拔差异显著，范围从 10 米到 226 米。其中，大部分城市（6 个）的海拔在 0~50 米之间，3 个城市的海拔在 50~100 米，而只有 2 个城市的海拔超过 100 米。这表明元代城市在海拔上的分布较广。在地形坡度方面，元代城市大多选择在 0°~6° 的坡度上建设，这样的城市有 7 个。坡度在 6°~10° 之间的城市有 2 个，而坡度超过 10° 的城市仅有 2 个。这表明元代倾向于选择平坡或缓坡地形修筑城市。在水文条件方面，大部分元代城市依然选择在河流附近建设。根据河流分级，元代城市分布在二级到五级河流附近，这反映出不同城市对河流流量的需求差异。根据河流缓冲区的分布，有 4 个城市位于河流缓冲区 500 米内，3 个城市位于 500~1000 米内，2 个城市位于 1000~2000 米内，2 个城市位于 2000~3000 米内。这表明,如盖州、复州、金州等地的城市对河流的依赖性较强,而其他城市对河流的依赖性相对较弱。

综合对高句丽、辽、金、元四个阶段古城的分析,可以看出,城市的分布逐渐由山地转移到平原地区,地形坡度也越来越平缓。城市与河流的关系也逐渐强化,尤其是在高句丽到辽金时期,城市对河流的依赖性增强,而元代稍有减弱。这些变化在高程、坡度以及与河流的联系等方面,与农业的发展有着密切的关联。

高句丽时期,辽宁地域的山城以依山而建为主要特征,主要集中在千山山脉两侧,这导致沿海山城的稀少,从而推动农业成为主导经济形式。山城主要用于军事防御,需要大量粮食供应,因此,农业得到了快速发展。尽管农业得到了一定的发展,但由于持续的战争和地形限制,农业规模仍然较小。

辽代时期,辽宁地域的古城主要位于海拔较低的平原地带,与河流关系紧密,这表明该地区的农业发展程度较高。为了促进农业生产,辽代政府采取了一系列措施,包括减免赋税、奖励耕织、赈济灾荒等,以保障农业生产的稳定发展。同时,他们还将大量熟悉农业生产的渤海人和女真人迁往辽宁地域,并设置州县进行管理,这些措施使得辽宁地域的农业得以迅速发展。

金代时期,辽宁地域的古城分布与辽代相似,沿袭了辽代的农业社会现状。尽管女真族是渔猎民族,但在汉化过程中,他们逐渐重视农业。辽东地区作为传统的产粮区,土壤肥沃,农业发达,其生产的粮食经常被调配到南京(现北京)进行赈济救助。

元代初期,由于战争的冲击,辽宁地域的人口急剧减少,城市荒废,农业发展也停滞不前。然而,随着忽必烈时代的到来,统治者对农业的重视开始增加。元朝开始在辽宁地域设立屯田,主要集中在金州和福州地区,这些措施在一定程度上促进了辽宁地域农业的恢复和发展。然而,由于元代统治时间较短,农业发展未能恢复到辽金时期的水平。

辽宁地域,凭借其浅山丘陵地貌和三面环海的地理优势,拥有丰富的植被和水域资源,为各类野生水陆动物和鸟类提供了理想的生息环境。除农业外,渔猎和畜牧业是该地区的主要生活方式,其发展历史可追溯到辽金元时期。这个时期，由于北方少数民族的统治，渔猎业和畜牧业得到了进一步发展。特别是在辽宁地域，渔猎业成为契丹和女真等族群的重要生活来源。在畜牧业方面，从辽代开始，辽宁地域的女真部落开始发展畜牧业，到了元代，蒙古人对畜牧业更加重视。

商业活动在辽宁地域也十分活跃。辽代在该地设立了重要的商贸口岸，成为连接中国南部各政权的重要通路，同时也是通往日本和朝鲜半岛的主要商贸通道。金代，辽宁地域与东南沿海地区建立了贸易通道，大量的瓷器和金属制品通过这些通道流入辽宁地域。元代，由于辽南地区人口稠密且交通便捷，产品交流和商业贸易更为发达。

总的来说，虽然辽宁地域在魏晋至元代期间被少数民族统治，但农业的发展并未中断，反而在各个统治者的推动下，农业的主导地位越来越稳固。同时，渔猎业和畜牧业也得到了良好的发展。此外，由于辽宁地域特殊的沿海地理位置，商业的发展也十分重要。因此，辽宁地域的经济形态在这个时期变得更加成熟，以农业为主的混合经济形式成为该地区的显著特征。

三、明清时期辽宁地域文化的正式形成

在明清时期的大一统帝国背景下，文化相对滞后的辽宁地域经历了显著的文化与社会变革。明朝的统治为辽宁地域带来了汉文化的影响，激发了其对进步的追求。这一时期的辽宁地域在城市建设、文化教育以及经济形态等方面都取得了显著的进步。城市建设呈现出数量的增长和类型的丰富；文化教育方面，辽宁地域与中原的联系得以恢复，教育繁荣，文化氛围浓厚；经济上，出现了多元化的经济形态。在这些方面积极发展的推动下，辽宁地域逐渐进入了成熟的阶段，形成了独具特色的地域文化。

1. 地域文化发展的政治、军事、经济基础

在明初，辽宁地域面临的军事压力和海防需求促使明政府构建了以卫所城、堡城和烽火台为主体的三级军事防御体系。盖州卫、复州卫和金州卫作为该地区的三个重要卫所，由辽东都司统一管理。金州卫的防御力量尤为突出，因此还承担海防任务。此外，围绕卫所城，明代还设立了一些资源型城

市,如盖州卫、复州卫和金州卫下属的盐场和铁场,以及永宁监城下的马匹牧养繁殖地。盖州附近的铁场和盐场数量较多,显示其在军需资源供应方面的重要性,而金州则在军事防御任务上更为重要。明代的军事防御体系对于辽宁地域的战略地位具有重要影响。

在明朝的辽东地区防线布局中,辽宁的军事要塞成为关键节点。这些要塞如木场驿城、石河驿城、栾古关城、羊倌堡城、归服堡城、红嘴堡城以及望海埚堡等,都配备了细致周全的军事防御设备、官兵的住所以及储藏室,并大多建有驿站和烽火台。此外,在明朝的辽东边界上,大胆建造了形形色色的烽火台,这些被称为"墩烟""台墩""架墩"。这类烽火台散布在海边的"台边",也有一些是便于旅人避难、政府巡视及防止敌人来袭而建设的"台路"。在嘉靖朝以后,新增的大多是"台路"。明朝初年,共计修建了57座烽火台,后为防备倭贼,数量迅速增加至100多座。基于堡城和烽火台的双重保卫,辽宁地域的军事防范特质更为显著。

辽宁地域与中原的紧密联系得益于大量的驿站建设,这对该地区战略要地作用的发挥具有重要意义。在辽东都司的驿站路线图中,辽宁地域扮演着重要角色。从京城出发,沿着辽西走廊抵达海州卫驿,之后向南分别经过耀州、盖州、熊岳、五十寨、复州、栾古、石河、金州、木场、旅顺口等驿站,最后到达辽宁地域的最南端;同时也可经过海州驿站从该地区直接前往辽东都司。除驿站之外,该地区还设有递运所、铺、亭等,形成了辽宁地域便利的交通网络。

在明朝时期,辽宁一带的卫所、堡垒与烽火台,借助完善的邮道系统,构成了严谨的军防体系,抗衡异族的入侵。此外,辽东都司受山东布政使司管领,两区间的交流主要依靠沿海线路进行,其中,旅顺口与房梁口为主要港湾,形成了胶辽海航要道。明政府对辽宁战略位置的高度重视,推动了该地城市建设和发展,使其与中原紧密联络。

然而转入清朝,因清朝将东北及蒙古地区纳入统治,辽宁的战略地位便相对降低。虽然清朝仍维持明朝设定的卫所城戍与部分堡垒,但军事职能减轻,仅在旅顺地区留有水师营以负责海防。此外,清朝辽宁地域城市的军事色彩淡化，而一般州县城市逐渐壮大，人口稠密。

明清之交的军事动乱及东北旗民的大迁移，导致辽宁人口大幅减少，许多城市陷入废弃。清初，辽宁地域城市的人口减少，然而，清政府颁布《辽东招民开垦则例》，激励民众前行辽东开垦定居，进而逐渐恢复了辽宁的人口。在顺治、康熙、雍正及乾隆四朝统治下，辽宁人口及耕地范围迅速扩张，人口的增长也推动了城市迅疾发展。

清代辽宁实施了一种别具一格的旗民双轨制度，其中，盛京将军主管旗民，州县负责普通百姓。在辽宁，设有熊岳副都统，下有盖州、复州、宁海、旅顺、岫岩、凤凰城六城驻防。清朝早期，辽宁州县设定相对偏少：顺治时只有八旗驻防城，并未设立州县；康熙时设立盖平县；雍正时，复州和宁海县陆续增设；至乾嘉时期，岫岩亭亦随之设立。这些城市多继承了明代的堡垒，并进而发展成居民区，如旅顺、水师营、牧城驿、青泥洼、貔子窝都位于金州，大庄河、青堆子、大孤山则位于庄河。

随着城镇与州县的发展，辽宁地域的城乡建设步伐加快。清朝时期，辽宁地域城市的发展焦点由北向南变迁，尤其是北部沿渤海地带的城市数量超越了南部。尽管金州地区驻有大量军队，但实际上，清朝辽宁地域的政治重心在熊岳，半岛的中心则偏向于北部的盖平区域。凭借其地势平缓、人口众多和广大的耕地，盖平成为辽宁地域的经济中心。

在清朝，以盛京（今沈阳）为枢纽的东北邮传体系，导致辽宁地域的重要性相对降低。公文信息不再经过营口地区，而是直接传输至盛京，再由盛京向辽宁各地转发。清朝在辽宁并未设立驿站，而是通过地方性的急递铺进行通信。这种情况反映了清代辽宁地域的驿站交通网络受到了严重冲击。在辽宁地域，急递铺分布从北至南递减，南部仅剩金州和复州，而北部则有熊岳、盖平、大石桥和营口等地。

总的来说，与明代相比，清代中前期的辽宁地域城市的经济和交通中心更多地集中在北部的盖平地区。这是由于该地区靠近盛京（现沈阳）以及辽河流域的农业较为发达。在此期间，辽宁地域城市的军事特性大幅减弱，而城市的居住和经济功能得到了增强。城市的形成和布局也更趋合理，这为近代辽宁地域城市的快速发展奠定了基础。

2. 以汉文化为主的多元并存地域文化正式形成

在明清时期,辽宁地域开始深度接触并吸纳汉文化,这为古代辽东地域文化的塑造奠定了基础。明朝对教育的重视,催生了辽宁地域教育的繁荣,进一步推动了汉文化的深入和广泛传播。进入清朝,辽宁地域的汉文化发展并未停滞,同时,满族的文化习俗也开始在此地流传并影响了辽宁地域的文化进程。此外,大量山东、河北等地的移民涌入辽宁地域,他们带来的中原地区的文化习俗也对辽宁地域文化产生了影响。因此,在多元文化交融和互动的过程中,辽宁地域逐渐形成了以汉文化为主体、多种文化共存的地域文化特征。

在明清时期,教育被高度重视,儒学在辽宁地域得到了广泛的推广和应用。明朝在复州和金州都设立了卫学,同时在永宁监城也建立了卫学,这充分体现了儒学的普及程度。除此之外,金复州地区还有多所社学。这些儒学机构的建立,极大地改变了辽宁地域的文化格局,不仅推广了文化知识,还缩小了与中原地区的文化差异。随着儒学的普及,辽宁地域的举人和进士数量也呈现出增长的趋势。据《全辽志》记载,金复州的举贡生人数达到 117 人,其中金州卫 60 人,复州卫 57 人。与此同时,明朝时期辽宁地域的文学创作水平也有显著的提升,无论是本地人还是游历辽宁的外地人,他们的作品都达到了一定的文学水平,一些作品甚至具有较高的文学价值,如《天妃庙记》《重修胜水寺碑记》《重修榆林胜水寺碑记》《重修真武行祠以崇得胜庙碑记》等。

在清代,辽宁地域的教育体系逐渐完善,各类学校如满汉官学、儒学、社学、义学和书院等应运而生,同时,乡镇层面的民学也逐步兴起,形成了广泛覆盖的教育网络。这种教育普及化的趋势极大地推动了辽宁地域的教育发展,为文化的繁荣和人才的涌现提供了基础。清初至光绪年间,辽宁地域的学子们在科举考试中取得了显著成绩。这些精英人才在各自的领域中大放异彩,儒学的兴盛使得辽宁地域的教育发展达到了新的高度,同时,文学、诗词、方志、书画等创作活动也日益活跃,标志着辽宁地域的文化已经步入了成熟阶段。

明代，辽宁地域的宗教活动呈现出兴盛的态势，佛寺和道观遍布城乡，为民众的生活增添了丰富的文化色彩。到了清代，宗教活动更加活跃，庙会不仅成为宗教活动的场所，也成为经贸交流和文化展示的平台。明清时期，辽宁地域的海神崇拜文化也逐渐兴起并得到广泛传承和发展，这些都为辽宁地域的民俗文化增添了独特的色彩。

在明清时代，汉文化在辽宁地域的影响力得到了前所未有的强化。尽管清朝的统治者源自东北的渔猎民族，但其对汉文化的吸纳程度超越了以往的所有少数民族。在此期间，汉文化与辽宁地域文化的交融更为深入，教育的普及程度显著提升，催生了辽宁地域文化的繁荣。这一文化繁荣催生了大量的文学、诗画作品，民俗文化也得到了广泛的推广。辽宁地域与中原地区的文化差异逐步弥合，汉文化在辽宁地域的影响力进一步增强。

清代的辽宁地域形成了多元文化的共存格局，除了汉文化外，满族、蒙古族、锡伯族等少数民族的文化也在当地留下了深远影响。满族的宗教、歌舞、饮食和服饰文化等逐渐融入辽宁地域。同时，大量来自山东、河北和江南的移民也将他们的文化带入了辽宁地域。尽管清朝中期以后禁止移民，但民间的移民活动并未停止，山东、河北和江南的移民继续涌入辽宁地域。这些移民带来了各种民间艺术形式和民间工艺，使得辽宁地域的文化更加丰富。

自明代起，辽宁地域的文化开始回归中原，出现了兴学立教、文化复兴的现象。清代在此基础上推动辽宁地域古代文化发展进入新阶段，教育普及，儒学兴盛，文风繁荣，人才辈出，进一步巩固了汉文化在辽宁地域的主导地位。在民俗方面，辽宁地域的本土文化与满族文化以及山东、河北、江南等地文化的交融，形成了多元的文化结构，最终塑造了辽宁地域豪放、泼辣、火爆的独特风格。

3. 多样的经济方式促进文化发展

在明清时期，辽宁区域的古代文化进入了发展的鼎盛阶段，塑造了特殊的混合经济模式。一方面，这一地区的农业历史源远流长，自秦汉时期便已成为传统农业社会，明清时期更得到了官方的加强和扶持。另一方面，得益于独特的地理条件，辽宁地域的渔业、盐业和海运业也有所发展。到清代中前期，辽宁地域形成了具有海滨特色的混合经济模式，与东北其他地区形成了鲜明的文化。

明代辽宁区域的卫所城、堡城等不单是军事防御的重要设施，也是各类居民的聚集地。基于地理环境，明代古城海拔在5~454米之间。大多数古城坐落在海拔较低且坡度较缓的地方，以便于农业耕种。然而，也有部分古城位于坡度陡峭的地方，主要出于军事防御的需要。此外，几乎所有的古城都沿河而建，河流对城市的重要性日益突显。城市的选址大多在四、五级河流处，流量小的地方倾向于建设小型堡城，流量大的地方则选择建设卫所城或资源型城镇。大部分古城在河流缓冲区5000米以内，其中52%的城市位于河流缓冲区1000米以内，这体现出古城对水源的重要依赖。这些地理环境的选择反映了明代辽宁地域在城市发展和军事防御上的考量。

在清代，辽宁地域的古城布局更具策略性，其环境条件也相对优越。研究发现，该地区的36个清代古城中，86%的古城海拔低于100米，这对农业生产有利。这些古城大多位于坡度较小的地方，83%的古城坡度在10°以内，这与农业发展相适应。水文数据显示，清代古城几乎都位于河流沿岸，这表明河流在城市发展中的作用日益重要。大部分城市位于一、二、三级河流处，而且数量较明代有所增加。尤其是大型城市，更倾向于选择水流量大的地区。在河流缓冲区图中，有35个古城靠近河流缓冲区，其中26个位于河流1000米之内，占总数的71%。这些数据表明，清代的城市更依赖水源，也说明清代辽宁地域的农业经济相比明代更加发达。

明代对辽宁地域的农业发展起到了推动作用。从元代开始，辽宁地域就进行了屯田活动，明代统一辽东后，屯田活动规模增大。这些屯田主要由屯田军及其家属组成，他们世代相继，不履行屯田义务将受到惩罚。此外，还有本地军民的民屯和由外地商人经营的商屯。围绕堡城和驿站的驻扎地也吸引了许多民众定居，并形成了不同规模的农业开垦区域。因此，明代辽宁地域的人口迅速增加，农业得到了巨大发展。据统计，1443年金州卫的耕地达到674204亩（1亩＝0.06667公顷），占辽东全部耕地的21.32%；再加上复州卫的104475亩以及部分盖州卫的耕地，辽宁地域的耕地占辽东地区的1/4。

同年，辽东都司二十五卫和两个州的军民总人口达到406993人，其中辽宁地域的人口达到92310人，占辽东都司总人口的22.68%。这些数据显示，明代实行屯田政策后，辽宁地域的农业取得了显著成绩，耕地和人口不断增加，经济迅速发展，使辽宁地域成为辽东地区最繁荣的地区之一。

辽宁地域文化的重要组成部分包括盐业文化和渔业文化。自战国时期以来，辽宁地域逐步形成了盐业基地，并在明清时期进一步扩大。明代设立了金州卫、复州卫和盖州卫附近的盐场，推动了盐业的发展。清代的盐场规模更大，出现了复州盐场、金州盐场、旅顺盐场等大型盐场，拥有专业盐工。盐业管理机构的出现，推动了盐业的系统化和专业化发展。

由于辽宁地域沿海地区的特性，明清时期的渔业也得到了重大发展。形成了旅顺、青泥洼、大孤山等渔场，海产品种类丰富，使辽宁地域成为北方重要的渔业产地。

明代以后，辽宁的海运业兴盛，加强了与其他地区的文化交流，进一步突显了文化多样性。明代开辟了莱州至金州荞麦山港、莱州至复州太平湾、旅顺至天津卫等航线，并在黄渤海沿岸建设了金州港、大孤山港等港口。海运业的繁荣推动了辽宁与山东及其他地区的民间贸易的发展，为其注入了活力，推动了商贸的兴起。清代辽宁沿岸共有16个港口，如盖州、复州、金州等。海运业的兴盛带动了辽宁的经济繁荣，增加了与中国东部沿海地区的贸易活动。

可见，清代辽宁地域以农业为主，同时也发展出多元经济。农业文化、盐业文化、渔业文化和海运文化等都得到了发展，使辽宁地域文化的多样性特征更加突出。

第四节　辽宁地域历史文化对当代国际传播的启迪

一、地理环境影响下的国际传播策略

辽宁地域历史文化丰富，地理环境在其中起到了至关重要的作用。从这一地域文化形成的历史过程中，可以得到关于国际文化传播策略的有益启示，为此类传播提供理论基础。

在国际文化传播的过程中，地理环境因素必须被充分考虑。这既有助于确保所传播文化的精准性，也有助于基于地理环境的特定背景来解读和理解目标文化。因此，在进行文化传播策略的设计时，必须从以下几个方面充分考虑地理环境因素。

首先，要关注地形地貌因素对目标文化的影响。例如，在传播辽宁地域文化时，要充分了解地区的山地、平原和沿海地带的地貌特征，以及这些特征如何影响当地人民的生产和生活方式，从而更好地理解其文化形态。这有助于理解目标文化中不同区域的文化差异，为制定更具针对性的文化传播策略打下基础。

其次，要关注水源因素对目标文化的影响。水源对人类的生存和发展具有重要意义，其间接地影响着人类文化的形成。对水源因素的考虑，能更好地理解文化背景，从而在国际文化传播中更好地呈现文化的真实面貌。

最后，应结合地理环境研究目标文化的发展趋势，以调整传播策略。当地的地理环境和资源变化可能会影响文化的演变方向。通过研究地理环境和文化的相互作用，可以预测文化的发展趋势，并据此调整国际文化的传播策略。

总之，从辽宁地域历史文化中，可以看到地理环境对文化发展的重要影响。因此，在国际文化传播策略中，考虑地理环境因素不仅有助于更好地理解目标文化，还能提升文化传播的有效性。

二、政治、经济与军事因素在国际文化传播中的作用初探

对于政治、经济和军事因素在国际文化传播中的作用，可以从辽宁地域的历史中得到更具体的理解。这三个因素在辽宁地域文化演变历程中起到了显著作用，并帮助塑造了辽宁地域现今的文化特色。

在政治层面上，辽宁地域在历史上经历了从辽金时期的多民族治理到明清时期的中央集权体制，再到现代社会主义制度的演变。这些政治变迁对辽宁地域文化产生了深远影响，形成了辽宁地域深厚的历史文化底蕴。比如，

辽金时期的多民族融合特色使得辽宁地域文化具有丰富的多元性。其传播启示是在进行国际文化传播时，要充分尊重各国家和地区的政治制度和历史，才能够使得文化传播更加顺畅。

经济因素对于文化传播的影响则更为直接和明显。辽宁地域地处东北亚经济区的中心位置，拥有深厚的工业基础和资源优势，这使得辽宁地域具有独特的经济文化。例如，沈阳、大连等城市是中国东北的重要经济中心，这些城市的经济发展带动了文化发展和文化交流。辽宁地域的经济文化对国际文化传播起到很大的帮助，使得辽宁地域的文化和品牌在海外也越发知名。

在军事方面，辽宁地域历史上的军事冲突和变迁也对其文化的形成有深入的影响。如明清时期辽东地区作为明清之间的军事边区，历史上经历过中外列强的争夺，形成了独特的辽东文化，而今成为辽宁地域文化的一个独特分支。军事因素在文化传播过程中有时可能被忽略，但是其实军事与文化紧密相连，需要在进行文化交流的时候充分认识到这一点。

综上所述，辽宁地域历史文化对当代国际传播的启示，以及政治、经济、军事因素在国际文化传播的作用，都非常值得探究和学习，这将对文化传播工作带来深远的影响。

三、国际传播原则：尊重文化多样性

辽宁地域文化的发展历程是一部多元文化融合的文化史。从新石器时代到青铜时代，辽宁地域文化经历了从渔猎文化的盛行到农耕文化主导的转变，这一过程中，多元文化的并存和融合逐渐显现。这种文化的多元性和融合性，是辽宁地域文化的一大特色。

新石器时代的辽宁地域文化以渔猎业为主，这种生活方式塑造了当地的文化特色。然而，随着社会的进步和发展，农耕文化逐渐成为主导。农耕文化的出现，不仅改变了人们的生活方式，也对当地的文化产生了深远影响。农耕文化的出现，使得人们的生活更加稳定，文化的发展也更加多元化。

在这个过程中，多元文化的并存和融合逐渐显现。不同的文化在交流和碰撞中，相互影响，相互融合，形成了独特的辽宁地域文化。这种多元文化的并存和融合，不仅丰富了辽宁地域文化的内涵，还使得辽宁地域文化在汉文化中占据重要地位。

这一历史过程对进行国际文化传播有着重要的启示。首先，应尊重文化的多元性。每一种文化都有其独特的价值和意义，应该尊重每一种文化，而不是试图将一种文化强加于人。其次，应促进不同文化的交流和融合。只有通过交流和融合，才能使文化得到发展和进步。最后，应实现文化的共享和发展。文化不应是少数人的专利，而应是所有人的共享。只有这样，文化才能得到真正的发展。

总的来说，辽宁地域文化的发展历程揭示了文化的多元性和融合性，这对于进行国际文化传播有着重要的启示。应尊重文化的多元性，促进不同文化的交流和融合，实现文化的共享和发展。

第五章　辽宁与丝绸之路的历史渊源

第一节　辽宁与路上丝绸之路的历史渊源

一、路上丝绸之路

丝绸之路通常指古代连接亚洲、非洲和欧洲的一系列贸易和文化交流路线，其不仅包括通过陆地的路线，还包括通过海上的航线。而"路上丝绸之路"一般是指丝绸之路的陆地部分，这里主要介绍的是陆路丝绸之路。

陆路丝绸之路起源于公元前2世纪，源于中国汉朝与中亚和欧洲之间的贸易往来。这条路线不是单一的道路，而是由多条路线组成的交通网络，其主要路线大致可以分为三条。

北线：起始于中国长安（今西安），向西穿过甘肃的河西走廊，接着越过河西走廊后分割成北方的山丹驿道和南方的敦煌道，然后穿越塔里木盆地的多个绿洲城市，如敦煌、喀什等，经过帕米尔高原后进入中亚地区，最终抵达地中海东岸。

中线：也是从长安出发，向西通过天山南路，经过今天的新疆库车、吐鲁番，与北线在某些节点合流，或者更向西，通过波斯进入阿拉伯国家。

南线：从中国四川出发，穿过今天的云南，进入东南亚，通过印度次大陆，与中线在波斯汇合或继续向西。

这些路线上的城市逐渐发展成重要的贸易站,如敦煌、撒马尔罕(Samarkand)、布哈拉(Bukhara)、伊斯法罕(Isfahan)和阿历克森哲(Alexandria Eschate)。丝绸之路上的贸易使这些城市成为早期经济全球化的缩影,不同地区的商队、使臣和冒险家在这里交换商品、文化、宗教和科学知识。

除了丝绸,还有许多其他商品通过这些路线运输,如中国的瓷器、茶叶和纸张,中亚的马匹、金属和珠宝,印度的香料和金丝雀,以及罗马帝国的玻璃制品和珍贵的金银器等。

陆上丝绸之路不仅是一个经济的交流途径,还是文化和技术互相融通的轨道。宗教、艺术和科学沿着这条路线传播,例如,佛教由印度传入中亚和中国,同时伊斯兰教、基督教、祆教(Zoroastrianism)等也通过丝绸之路传播。

随着海上航线的开发和使用,陆路丝绸之路的使用率逐渐降低,15世纪以后随着欧洲人通过海路直接抵达亚洲,陆路丝绸之路的重要性进一步下降。不过,在其全盛时期,这条丝绸之路对于促进跨文化联系和交流有着不可磨灭的贡献。

二、辽宁与古代路上丝绸之路的历史渊源

辽宁与古代陆上丝绸之路的直接联系相对有限,因陆上丝绸之路的路线主要是在中国的西部和中亚之间展开,且更偏向于中国的西北地区。辽宁作为东北地区的一个省份,其与南下至朝鲜半岛、东渡日本以及东北亚其他地区的联系更紧密,这些路线更类似海上丝绸之路的延伸。

然而,辽宁在古代中国的东北地区同样有其独特的历史渊源和作用,尽管其并不直接位于丝绸之路的交通要道上。古代的辽宁是多个民族和文化交融的地方,包括汉族、契丹族、女真族等,其在历史上形成过多个具有重要影响的政权,如辽、金等。

在古代,辽宁地区相当一部分时间内是非汉族政权的领土,尤其在辽朝和金朝时期。辽朝是由契丹人建立的政权(907—1125年),是中国历史上重要的政权之一,对中国北方的政治、军事乃至文化发展产生了深远的影响。

辽朝时期，其统治区域中包含了现今的辽宁，辽宁成为辽朝的南部边境地区。辽朝文化的兴起也影响了辽宁的历史发展，从考古中不难发现，那个时期的辽宁境内出土了许多珍贵文物，展示了辽朝的文化特色和工艺水平。

随着对外联系的增强，并在此地开展对外贸易活动，辽宁在地方经济和文化发展方面起到了积极作用，这也使得辽宁成为连接中原文化与东北亚边疆民族文化的重要桥梁。尽管辽宁并非陆上丝绸之路的主要节点，但其在特定历史时期的政治经济中心地位，使其能够在一定程度上与陆上丝绸之路上的文化和商品交流相互影响。

后来，金朝的建立（1115—1234 年）进一步扩大了辽宁地区的影响力，金朝虽然是由女真人建立，但女真族与汉族、契丹族等的文化交流也促进了中原文化与东北地区文化的融合，促使辽宁成为多元文化相融合的地带。

综上所述，辽宁与古代陆上丝绸之路的直接联系并不显著，但由于其独特的地理位置和历史背景，确实在东北亚地区贸易文化交流中扮演了非常重要的角色，并且其境内的民族和文化多样性，使辽宁在区域历史发展中具有特殊的地位和作用。

第二节　辽宁与草原丝绸之路的历史渊源

一、草原丝绸之路

草原丝绸之路是一条从中原地区到塞外地区的古代贸易通道。其经过亚洲中部高原（即蒙古高原），进入中西亚北部地区，穿过南俄草原地带，最后到达地中海沿岸的欧洲地区，向东则经过辽宁进入朝鲜和日本。草原丝绸之路是亚洲中部高原地带（蒙古草原）沟通欧洲与亚洲的商贸大通道，也是传统丝绸之路的重要组成部分之一。草原丝绸之路从产生至今一直存在，几乎没有中断过，其是欧洲与亚洲之间古老文明交流的主要通道之一。相比其他几条丝绸之路，草原丝绸之路的范围更广，涉及的地域和民族更多，这些特点使得它与其他通道不可一概而论。

草原丝绸之路的分布范围广泛，只要沿着有水草的边缘区域行走，都可以被视为草原丝绸之路，不过随着时代的变迁，其核心地带也会逐渐改变。草原丝绸之路在史前时期就已经开始发挥作用，如法国南部加龙河上游图卢兹附近的奥瑞纳克山洞的奥瑞纳文化就是通过草原丝绸之路传播到中国东北地区的。到了新石器时代，俄罗斯中部的"篦纹"彩陶文化也通过草原丝绸之路传到中国甘肃等地。此外，还包括从河西走廊到燕山以北的夏家店下层文化等，这些都是通过草原丝绸之路实现文化交流的。这些都表明，欧亚草原的东、西两端之间的交流往来在很久之前就已经存在。

进入历史时期后，草原丝绸之路上的文化交流更加频繁，特别是受到北方游牧民族不断迁徙和往来的影响。中亚与东欧、蒙古高原与农牧交错地带以及农业区域的民族之间的经济活动、政治制度、宗教信仰和习俗风情等都随着草原丝绸之路的发展而产生了相互通融和共融。草原丝绸之路的历史可以追溯到夏商时期，如商族的八次大规模迁徙就使得他们逐渐从北方草原进入中原地区。当时的王亥发明了牛车，《世本·作篇》中有记载："胲作服牛"，胲指的就是王亥。历史上有关王亥率领牛车队在华北地区进行贸易和交流的故事，说明当时已经具备了远距离商品交换的能力，最初的贸易通道也就此出现。

在秦汉时期，汉匈战争频繁，其中匈奴族的南下和西迁对世界历史产生了重要影响。秦汉时期，匈奴南下逐渐占据了河西地区，使得蒙古草原得到不断的扩张和连掇，使得草原丝绸之路更加畅通。同时，草原丝绸之路也基本形成，从而形成了连接亚欧大陆的两条主要交通要道。匈奴、乌孙、月氏及其后的鲜卑、乌桓、回鹘、突厥、粟特、奄蔡、可萨和蒙古族等都在草原丝绸之路上出现过。唐朝中期的安史之乱后，陇右诸州县归属于吐蕃管辖，导致传统的丝绸之路受到阻隔而难以畅通，于是唐与西域诸国之间的联系就只能选择草原丝绸之路进行。草原丝绸之路的畅通实现了中原政权统治下的农业地区与北方草原游牧地区农产品的互换。中原地区与草原游牧区域在经济上互有需求关系，也是草原丝绸之路形成的基础之一。草原丝绸之路的存在实现了欧洲地中海地区与东亚韩国、日本等国之间的联系，以中原地区为核心，草原丝绸之路可分为东线和西线。东线主要包括连接东北与中原的辽西走廊和连接东北与朝鲜半岛的古营州道。西线从中原地区向北越过长城沿线的阴山到达亚洲中部高原地带，然后延伸至地中海沿岸的欧洲地区。西线主要包括三条通道，即京畿到阴山道、塞上至哈尔和林的参天可汗道，以及从哈拉和林往西经阿尔泰山、南俄草原等地，横跨欧亚大陆的西端通道。可以看出，辽宁是草原丝绸之路上的重要路段和枢纽所在。

二、辽宁与古代草原丝绸之路的历史渊源

在多条丝绸之路中，草原丝绸之路的形成最早可以追溯到公元前 5 世纪左右。这条贸易通道通过辽西走廊将中原地区的商品源源不断地运往东亚其他国家，在辽西古廊道上连接了东北和中原，成为重要的民族、经贸和文化交流的通道之一。辽宁一直以来都是丝绸之路的重要参与者。

在新石器时代，辽宁地区就与西方国家有了联系。例如，1979 年在辽宁喀左发掘的红山文化遗址中出土了两件小型孕妇塑像，这些塑像描绘了裸体孕妇的形象，通过红衣和身体的形态，展示了孕妇的丰腴和孕育之意。这些裸体女性塑像最早来源于西方，这是一个不争的事实。此外，辽宁地区还出土了一种被称为"算盘子"的红色玛瑙珠，这种珠子最早出现在西亚两河流域的乌尔王墓和中亚印度河谷的哈拉帕文化遗址，后来经过中亚传播到辽宁地区，最终影响到中国内蒙古和河南安阳殷墟地区。

辽宁地区的考古发现证实了新石器时代的辽宁地区与西方之间的密切联系。例如，辽宁境内朝阳十二台营子和锦西乌金塘等地的墓葬出土了鲜卑古墓的遗物，而辽东塞外出土的东胡早期文化的青铜短剑也与匈奴墓葬出土的遗物相似。这些考古发现是草原丝绸之路上文化交流和商品交换的重要实物证据。

在历史上，草原丝绸之路的发展也与鲜卑族、东胡和匈奴等游牧民族的传承和发展密切相关。例如，在战国时期，出现了西部的匈奴和东部的东胡两个部落联盟。东胡包括鲜卑和乌桓两个部落，而匈奴分布更广，包括内蒙古、蒙古和贝加尔湖一带。东胡和匈奴与中原地区的联系频繁，进行了经济

上的贸易往来。

到了辽朝时期，草原丝绸之路更加贯通。北宋与辽朝之间的往来频繁，双方在边境地区设立了交易场所，辽朝在上京、中京、东京、南京和西京等地设立了驿馆，方便双方的联系。鲜卑族的南迁也借助了草原丝绸之路，南迁的过程也使其文化与汉文化进行了融合。

总的来说，草原丝绸之路的发展与辽宁地区和西方之间的经济联系和文化交流密不可分。各种考古发现提供了草原丝绸之路上的实物证据，从红山文化的孕妇塑像到算盘子红色玛瑙珠，再到鲜卑和东胡的墓葬遗物，都验证了这条古老贸易路线的重要性。

辽宁在古代草原丝绸之路中具有重要的作用与地位。草原丝绸之路从亚洲中部高原（蒙古高原）向西经过南西伯利亚地区，通过黑海北岸的南俄草原地区，最终到达东欧的喀尔巴阡山脉。在中国境内的草原丝绸之路分为南线和北线，南线经过阿尔泰山脚下的阴山地区，穿过蒙古高原到达渤海沿岸，北线经由河西走廊经过包头、大同，最终到达辽宁的朝阳。

辽宁朝阳地区的营州在草原丝绸之路中处于极为重要的地位。粟特人作为商业民族，擅长经商，他们通过草原丝绸之路与中原和东北地区进行贸易往来，其中一部分途径就是通过朝阳进入辽宁地区。伴随着粟特商团的大规模商业活动，来自中亚和西亚的金银器、玉石、琥珀、毛织品、香料以及玻璃器皿等商品进入了朝阳，并通过唐代的交通要道营州道传到朝鲜半岛，甚至到达日本。这些贸易活动促进了不同地区、不同国家和不同民族之间的联系与交流。

辽宁地区也出土了丰富的古代文物，其中包括玻璃器皿。例如，1965 年在北票地区的北燕冯素弗墓中，就出土了大量的玻璃器皿，其中包括世界上仅此一件的鸭形器皿。这些玻璃器皿的数量之多、年代之早在国内是罕见的，其制作水平高超，是罗马时期的工艺与艺术的结晶。这些玻璃器皿的出土证明了辽宁地区作为草原丝绸之路上的重要节点，对于东西方文化的交流与传播起到了重要的作用。

草原丝绸之路南线的东段在朝阳与辽西走廊相交汇，成为横贯亚欧北部草原的交通、经贸和文化交流路线。朝鲜半岛和日本地区也出土了一些罗马玻璃器皿，其中一部分可能是通过北方草原丝绸之路进入的。辽宁作为草原丝绸之路的重要参与者发挥了连接东西方贸易以及农耕与草原文化的纽带与桥梁作用。草原丝绸之路不仅促进了多民族文化在这一地区的碰撞、融合和发展，而且深刻地影响了辽宁地区的历史与文化。

第三节　辽宁与海上丝绸之路的历史渊源

一、海上丝绸之路

海上丝绸之路是一条古代贸易航线，连接了远东、南亚、东非、中东乃至欧洲的各个国家和地区。这条航线不仅用于货物贸易，也成为文化、技术和宗教思想交流的通道。

海上丝绸之路的起源可以追溯到公元前的汉代，特别是在汉武帝时期，中国开始了与西域国家的直接联系。

公元前 2 世纪，在陆路丝绸之路形成之后不久，中国的商人就通过南海和印度洋进行漫长的海上航行。这些早期的航海者使用南海、马六甲海峡和印度洋的海上通道，开通了前往印度和东非海岸的贸易路线。

到了东汉时期，海上丝绸之路的贸易网络进一步扩张。这条航线让中国与印度洋沿岸的国家以及更远的希腊和罗马帝国有了更直接的联系。汉商通过海上丝绸之路出口丝绸和瓷器，这些商品在罗马帝国市场上极受欢迎，致使罗马史家普林尼抱怨称罗马的财富正流向中国。例如，罗马时期，一种中国制造的铜镜在博斯普鲁斯（今土耳其的伊斯坦布尔）出土，这表明中国的制品不仅通过路上丝绸之路传播，也通过海上丝绸之路到达遥远的地方。近年在中国南昌发掘的西汉海昏侯刘贺墓中，出土了大量来自地中海地区的奢侈品，包括玻璃器皿和由珍珠母制作的各种工艺品，显示出当时海上丝绸之路已成为连接远东与地中海世界的重要商道。

这些贸易路线不仅使中国的商品得以传播至欧亚大陆的各个角落，而且还有助于外来商品和思想的输入，如佛教便是通过此路径传入中国。同时，贸易繁荣带来的是对航海技术的需求和发展，中国古代的"顺风耳"和指南针等航海技术和仪器的发展，都与海上丝绸之路对其的应用分不开。

在唐宋时期，中国的经济、科技和文化达到了极盛，海上丝绸之路成为中国对外贸易和文化交流的重要渠道。特别是宋朝时期，中国的船只技术先进，造船业发达，出现了如宝船等大型多桅帆船，能够进行更远距离的航行。

明代的经济政策在初期曾有过海禁，但随着时间推移，特别是在郑和下西洋之后，海上丝绸之路达到了前所未有的繁荣。郑和船队由宝船和其他大小船只组成，展示了当时中国海军力量的威慑。郑和的航行不仅是为了贸易，也是为了展示中国的强大和建立外交关系。

海上丝绸之路上贸易的商品种类繁多。从中国出口的有丝绸、瓷器、茶叶、金银器皿和工艺品；同时输入珍珠、象牙、香料、药材等。这些商品不仅为沿线国家带来了财富，而且促进了不同文明间的交流与融合。

海上丝绸之路作为古代重要的贸易通道，不仅是商品的交换渠道，更是连接不同文明的桥梁。其极大地促进了中医药、阿拉伯数字和地理知识等在东西方之间的传播和交流。中国的中医药体系也通过海上丝绸之路传播到世界各地。各种草药、药方、针灸、按摩等中医治疗方法在此路线上得以传承和交流，丰富了东西方医药文化的融合。阿拉伯数字是通过海上丝绸之路传入欧洲的，成为现代计数系统的基础。这对于科学和商业发展产生了深远影响，并且促成了阿拉伯数学和印度数学相结合的数学体系。中国航海家郑和的航行活动也促成了中国对世界地理知识的积累和传播，这些对地理学的贡献也通过海上丝绸之路传播出去，对外国的地理学研究产生了一定的影响。

如今，中国提出的共建"一带一路"倡议旨在复兴历史上的丝绸之路精神，其中的"21世纪海上丝绸之路"部分就是以古代海上丝绸之路为基础，通过加强与共建国家的海上合作，构建开放、包容的贸易和基础设施网络，促进共建国家间的经济合作与发展。

二、辽宁与古代海上丝绸之路的历史渊源

辽宁虽然不如东南沿海地区在海上丝绸之路历史中具有的显赫地位，但其沿海城市如今天的大连地区在古代也曾参与到海上贸易中。

1. 渤海国时期

渤海国（698—926 年）被称为"东方的小高丽"，其实际上是唐代后期到五代时期存在于中国东北地区的一个朝贡体系内的地方政权。渤海国由粟末靺鞨部落的大祚荣于 698 年建立，在其鼎盛时期，国家疆域大致包含了今天的辽宁东部、吉林、黑龙江，以及朝鲜北部和俄罗斯的远东部分地区。

定都于渤海湾西岸临潢府的渤海国处在东北亚的交通要道上，地理位置十分重要。其东临日本海，南接黄海，天然的港口条件使其成为东亚海域交通的重要节点。

渤海国与日本的关系十分密切。在历史文献中有大量记载渤海国船队往来于日本的史实。渤海国通过海上航线与日本进行贸易往来，主要出口奴隶、人参、皮草等，进口日本的丝绸、陶瓷等。此外，文化交流频繁，渤海人多次遣使赴日，不仅在日本宫廷中留下了丰富的文化影响，同时也有渤海僧侣到日本学习佛教。比如著名的渤海僧人道邃曾在平安时代早期的日本活动。

渤海国与朝鲜半岛的交流同样十分密切。在朝鲜半岛的一些古墓中发现的陶瓷等物品，有的就是渤海国的产品，这为两地的贸易往来提供了实物证据。渤海国还与当时的新罗王国、后三国保持了密切的外交和贸易联系，两地不仅有政治结盟，还有大量的商品和文化交流。

渤海国非常重视航海和船队的建设，发展了一系列沿岸的港口设施。遗址考古中发现的一些船舶残骸和航海相关器具，表明渤海国拥有发达的舰队和较为系统的海上交通网络。

作为一个汉族、靺鞨族和其他北方民族混合的国家，渤海国继承了唐朝的制度和文化，同时也与周边民族和国家保持了广泛的联系，这些都是通过高度发达的海上丝绸之路实现的。遗憾的是，渤海国最终在 926 年被辽国所灭，但其在东北亚地区的历史影响一直延续到后来的朝鲜半岛以及俄罗斯远

东地区。

2. 辽代时期

辽代, 又称契丹, 是由契丹族首领耶律阿保机于 907 年建立。辽代空前扩展了契丹的疆域, 其统治范围到达了今天的中国东北、内蒙古、以及部分的俄罗斯远东和中亚地区。

这一广泛的地理范围使得辽朝成为当时亚洲最强大的国家之一, 也因此辽宁地区的海港如营口、大连等在海上贸易中有了重要作用。辽朝因其地理优势, 成为连接东亚和中亚以及欧洲的贸易枢纽, 尤其是控制着后来被称为 "丝绸之路" 的通道。

辽朝在港口城市建立市舶司, 这是专门管理外国商人及进出贸易的机构, 类似于海关, 负责征收关税、监管商品进出等事务。市舶司的建立反映了辽朝港口城市通商繁盛的情况, 增强了政府对于国际贸易的控制能力。

辽东半岛的港口由于处在靠近日本海的位置, 与日本、朝鲜半岛有着密切的海上贸易。商船不断往返于辽东半岛和日本列岛之间, 输送着丝绸、瓷器、金银、珍宝、香料等商品。此外, 从朝鲜半岛运送的来的商品也通过辽宁地区的港口进入辽朝境内进行交易。

辽朝不仅对内地和近邻进行了海上贸易, 据史料记载, 辽朝在统治初期就与中亚的诸多国家有着频繁的贸易往来, 同时也与印度、波斯等地有着贸易往来。

辽朝期间的辽宁不仅是陆上丝绸之路的重要一环, 而且是海上丝绸之路的关键节点。其不仅促进了当时的经济繁荣, 也加强了与其他文明间的文化交流。辽朝在辽东半岛等地的对外贸易活动, 使得辽朝成为当时东亚地区与世界其他地区经济、文化交流的重要平台之一。

3. 明清时期

明朝初期, 为了防范倭寇的袭扰及控制私人走私活动, 确立了一系列限制海上贸易的政策, 这被称作 "海禁"。海禁政策限制了私人进行的海上贸易活动, 实际上禁止了民间的海船出洋, 导致原本繁荣的海上丝绸之路暂时陷入衰退。辽宁作为北方的一个沿海区域, 同样受到了影响, 其海上贸易活动显著减少，曾经繁荣的港口失去了往日的光彩。

在明清时期，尤其是清朝进入中期后，清政府逐步放宽了对海上贸易的限制，这一政策转向主要是出于经济利益的考虑。随着海外需求的增长，清政府认识到开放贸易所带来的潜在好处，开始允许和鼓励海上贸易。

对海禁政策的放宽使得辽宁等北方沿海地区的海上活动得以缓慢恢复。港口城市如营口、大连等开始再次发挥它们在海上丝绸之路中的节点作用。尤其是营口，由于其地理位置的优越性，再次成为连接日本、朝鲜半岛以及中国内陆的重要商贸中心。

在放宽海禁之后，营口等辽宁沿海城市的对外贸易活动增加，通商范围逐渐扩大到日本、朝鲜以及东南亚等地。

清政府与朝鲜之间的贸易通过辽宁的港口进行，木材、人参、皮毛、纺织品等货物通过这些港口被输送至朝鲜。

清朝中期的这一转变促进了辽宁地区经济的恢复与发展。海上贸易的渐进开放不仅增加了清朝的财政收入，还促进了沿海地区的工商业发展和文化交流。这种海上贸易的复兴为中国的近代化打下了一定的基础，并在往后的几个世纪中继续影响着区域乃至世界的贸易格局。

尽管辽宁不是古代海上丝绸之路的主要发源地，但其海港在区域性贸易和交流中仍发挥了一定的作用，同时也是东北地区对外开放和外交往来的重要窗口。随着宋元时期中国海洋活动的兴起，辽宁地区的海洋历史也因其几个有利的自然港口而更加丰富。在长期的历史发展中，辽宁沿海地区逐渐发展为中国北方对外交流的一个重要通道。

在古代海上丝绸之路的沿线，辽宁地区扮演了一个相对重要的角色。这主要得益于其的地理位置，辽宁位于中国东北部的辽东半岛，临黄海和渤海，自然条件有利于港口的发展，成为连接中国北方与东北亚诸国贸易的重要节点。

最初，辽宁的海上贸易活动集中在辽河口附近，这一地区自唐宋时期便是对外贸易的重要港口之一，尤其是与朝鲜半岛和日本的交流较为频繁。当时，中国的瓷器、丝绸、茶叶等商品通过辽东半岛沿海的诸多港口输入到邻国,同样也有来自日本和朝鲜的独特商品输入到中国。

进入明朝,特别是明初实行海禁政策,这些港口的海上活动受到限制,使得辽宁在海上丝绸之路上的功能和作用有所减弱。辽宁沿海地区的很多港口陷入沉寂,贸易规模大幅缩减。

然而,到了清朝中期以后,随着海禁政策的放宽,辽宁的海上贸易活动得到恢复和发展。特别是营口等地,开始恢复与日本、朝鲜半岛的贸易往来,并且开始与更远的东南亚及其他国家进行交流。

总之,在古代海上丝绸之路上,辽宁的地位和作用随着时间和政策的变化而波动。明朝海禁的实施曾对其贸易地位造成影响,而海禁政策的放宽又使辽宁港口城市重新成为东北亚地区重要的贸易中心之一,既促进了地区的经济繁荣,也为文化和技术的交流提供了通道。

第六章　辽宁文化在共建"一带一路"倡议下的国际传播现状

第一节　辽宁文化的传播主体

作为中国东北地区的核心省份，辽宁凭借其深厚的历史文化底蕴和地理位置优越性，已经成为中国文化传播的关键力量之一。在接下来的论述中，将深入探讨辽宁文化传播的主要参与者，包括政府、媒体、文化机构、大学以及社会组织，并分析这些参与者在辽宁文化传播过程中的作用和影响。

一、政府

在辽宁文化的传播过程中，政府发挥着至关重要的作用。辽宁省人民政府将文化事业视为经济社会发展的关键环节，并通过实施相关政策和措施来推动文化产业的进步。政府在文化传播领域的核心职能包括以下几个方面。

1. 推动文化产业发展

对于任何一个地区来说，文化产业的快速发展基于健全的政策体系、优质的文化环境和良好的市场条件。国家通过制定、修订和实施各种政策、法规和方案，对文化产业给予全方位的支持和保障。例如，辽宁的文化产业政策主要包括扶持政策、鼓励政策、保护政策等。

扶持政策主要包括资金支持、税收奖励、科技创新支持等，为文化产业提供资源性的支持。鼓励政策主要是充分利用市场机制，鼓励企业自主创新，提升文化产业的核心竞争力；保护政策则主要通过优化产权制度和执法力度，保护文化产业的正常运行和发展。例如，政府通过提供贷款优惠、税收减免等方式，支持文化企业的发展。贷款优惠可以防止文化企业在创新和扩展过程中由于资金问题而受到阻碍；税收减免则可以减轻企业的负担，激发其创新活力。

总的来说，政府在推动辽宁文化产业发展中发挥了重要作用。通过制定并实施有利于文化产业发展的政策，政府为文化产业创造了良好的发展环境，为文化事业做出了积极的贡献。

2. 加强文化市场管理

辽宁省人民政府在文化传播中的角色不仅是推动者，还是监管者。通过执行适时的政策和规则来保障文化市场的公正和秩序是政府关于文化工作的另一个重要方向。通过维护正当竞争和保护知识产权，政府可以为辽宁的文化产业提供充足的空间和保障，以确保其健康发展。

首要任务是强化对文化市场的管理。这包括认真执行和维护现行的版权和知识产权法，防止盗版和侵犯版权的行为。辽宁省政府应规定明确的惩罚措施，并通过专业的执法机构来执行，以确保那些违反规定的个人或者公司面临严厉的后果。例如，政府可通过提高罚款数额、暂停或撤销商业许可证等方式来严惩盗版和侵权行为。

此外，政府有责任保护和推广辽宁的本土文化。通过策划和实施各种形式的文化交流和展示活动，如艺术节、演唱会、展览会等，可以有效提高公众对辽宁文化的认知度和接受度。政府可以与当地的文化机构、艺术团体或者学校合作，共同推动这些活动的举办，以尽可能地扩大辽宁文化的影响力。

以此来看，辽宁省人民政府在维护文化事业、推动文化产业发展过程中发挥着重要的作用。其在文化市场的管理和监管力度以及在推动文化交流活动等方面的作用，都将对整个文化市场的发展和辽宁文化的传播起到至关重要的推动作用。

3. 文化遗产保护

辽宁文化遗产是辽宁各族人民勤劳智慧的结晶，是民族精神和文明的体现，具有极高的历史、艺术和科学价值。政府在文化传播领域中还需要承担文化遗产保护的重任，确保这些无价之宝得到应有的关注和传承。

首先，政府应着重修复和保护文化遗产。辽宁拥有众多珍贵的历史建筑和古迹，如沈阳故宫、辽宁北陵、锅棍岭摩崖石刻等。政府应制定合理的修复计划，以科学、专业的方法恢复文物的原貌。同时，政府还需加大对文化遗产保护区的扶持力度，设立相关管理机构，制定严格的管理规定以防范潜在的文物破坏。

其次，对于辽宁的非物质文化遗产，如传统技艺和民间文化等，政府需要采取积极措施来保护和传承。这些措施包括挖掘和整理民间艺术、文化、历史的资料，将其纳入国家非物质文化遗产名录，并为相关传承人提供培训和支持，以确保这些技艺能够代代相传。

最后，政府还需加大对文化遗产宣传和推广的力度。通过组织各种形式的文化交流活动、展览、讲座等，让更多人了解、喜爱和尊重辽宁的文化遗产，提高社会各阶层对文化遗产的认识。此外，政府还可以与旅游部门合作，开发文化遗产旅游产品，促进文化遗产的优化利用，同时带动其他文化产业的发展。

总之，在辽宁文化的传播过程中，辽宁省人民政府对于文化遗产保护的责任不可忽视。政府应在本地的文化遗产修复、保护、宣传和推广方面发挥举足轻重的作用，这对于传承辽宁独特的民族文化意义重大。

二、媒体

作为文化传播的主要载体，媒体通过电视、广播、报纸和网络等多种方式，向大众传递文化信息。在辽宁的文化传播过程中，媒体的角色是至关重要的，其主要影响可以从以下几个方面进行阐述。

1. 信息传播

在辽宁文化的传播中，媒体作为基础的载体与桥梁，其传播信息的价值不可忽视。全面而真实的文化信息传播有助于塑造公众对文化特征和价值的理解,善用这一角色,就能有效地推动辽宁文化的推广。具体来说,媒体在文化传播中主要发挥以下几方面的作用。

首先,媒体是公众获取文化信息的主要途径。无论是报道文化活动,介绍历史人物,或者解读文化产业的最新动态,媒体都担当着传递者的角色,把最新、最全面的文化信息传递给公众。例如,对于一些大型的文化活动,如音乐节、电影节等,可以通过电视、广播、报纸和网络等多种媒体,将活动的内容、意义和亮点等向外界进行宣传,使公众尽可能全面地了解活动内容,从而产生参与的兴趣。

其次,媒体可运用其强大的宣传网络和极高的宣传效率,使辽宁的文化在短时间内得到更快速的传播,推动辽宁文化的推广和传承。这种快速的信息传播有助于弥补地域间的文化差异,促进文化交流,以达到文化的共享。

也就是说,媒体在信息传播上的决定性影响,使其在辽宁文化的传播中发挥重要作用。其能有效地推动文化信息的普及,提高公众对辽宁文化和文化产业的认识,甚至可以借此引导和推动公众对文化产业的参与和支持,从而促进文化产业的健康发展。

2. 观点塑造

在辽宁文化传播过程中,媒体不仅充当着信息传递者的角色,还在观点塑造方面发挥着重要作用。这种观点塑造对于影响公众思想、理解文化特色、推动地域文化价值观的形成具有深远意义。媒体在观点塑造方面表现出以下几个关键特点。

首先,媒体通过对文化活动和事件的解读与评价,传达出一种文化认知。这种认知有时候可能是积极的,使人们了解和尊重地域文化。例如,通过对辽宁地区传统民俗文化的报道,展现这些传统民俗活动的美好与价值,使辽宁的公众能够更加热爱本土文化。

其次,媒体可以通过对文化现象和事件的评论与引导,教育公众正确地看待各类现象,分辨好与坏。例如,对于一些地域性的文化习俗,媒体可以从历史与现实两个角度评价,让公众理智地接受或调整自己的看法。这样,可以促进文化价值观的逐步升华和进步。

最后，媒体还可以发挥榜样示范作用。媒体对优秀艺术家、文化工作者的报道，使他们成为公众学习的榜样。媒体借助各类文化传播平台和载体，推荐品德高尚、敬业奉献的文化名人，在传媒领域为辽宁文化事业树立了典范。

总之，在辽宁文化传播过程中，媒体在观点塑造方面发挥着至关重要的作用。其通过对文化活动和事件的解读、评价以及榜样示范，影响着公众的文化理解和价值观，并在很大程度上推动了辽宁文化价值观的形成与传承。媒体作为文化观点塑造者，对于辽宁文化的发展具有举足轻重的作用。

3. 文化推广

在辽宁文化传播过程中，媒体作为信息和观点的传递者，也扮演着推广辽宁文化资源和产品的角色。下面将从多方面阐述媒体在推广文化资源和产品方面的影响力。

首先，媒体通过节目形式，面向大众展示和推广辽宁的文化资源。例如，电视台可以制作关于辽宁历史、美食、风俗、建筑、艺术等的专题节目，引导观众进一步了解和欣赏辽宁文化。网络媒体也可以通过文化微电影、美食博主的推荐、旅行博主的游记等方式，深度剖析辽宁文化，带领观众感受地道的辽宁文化。

其次，媒体的广告作用也是将辽宁文化产品推向更多公众的重要手段。无论是广播电台播放的辽宁化妆品广告，还是电视台播出的辽宁特色饮食的广告片，或者网络平台上发布的辽宁纪念品销售信息，都能吸引全国乃至全球的消费者注意辽宁的文化产品，增强其对这些产品的购买意愿。

再次，新闻报道是媒体推广文化资源的重要途径。例如，对于一些重大的文化活动，媒体可以对事件进行实时、全方位的报道，吸引更多的公众关注。也可以对文化产业的新动态、新开展的文化项目等进行持续报道，让公众更加了解辽宁的文化产业发展。

最后，媒体通过这种多方位、多角度的推广方式，提高了公众对辽宁文化的认知程度，引导其对辽宁文化产生更深的兴趣，同时也推动了辽宁文化产业的发展，为文化产业注入了新的活力。

三、文化机构

作为辽宁文化传播的关键参与者,文化机构,如博物馆、图书馆、艺术团体和文化中心等,具有不可忽视的影响力。这些机构在辽宁文化传播的过程中,承担了以下核心职能。

1. 文化资源的收集和保护

在辽宁文化传播的过程中,文化机构起着至关重要的作用,它们充当着文化资源的收集者和保护者的角色,对于辽宁丰富的文化遗产如文物、艺术品、图书资料等的保存和传承有着巨大的影响力。

首先,文化机构是辽宁文化资源的最主要收集者。以博物馆为例,它们通过专业的手段,保护和保存物质文化遗产,如陶瓷、绘画、雕塑、金银器皿等;图书馆则对非物质文化资源如老照片、历史文献、报纸等进行归档收集。这些收集的文化资源是辽宁历史的见证,也是未来研究辽宁历史文化的重要依据。

其次,作为文化资产的守护者,文化机构还负责对收集来的文化遗产进行全面且适当的保护。例如,对于易损的历史文物,文化机构会采取专业的方式进行保存,以防止其因环境变化而遭受损害;对于各类艺术品,文化机构会定期进行清理和维护,确保其艺术价值和历史价值不被磨损。

最后,艺术团体也在收集和保护文化资源方面发挥了不可或缺的作用。其通过各种表演形式,将辽宁的非物质文化遗产如传统音乐、舞蹈、传说等传播出去,使其不被遗忘。同时,艺术团体也会将收集到的非物质文化遗产元素融入到自己的创作中,使其得以在新的艺术形式中生生不息。

综上所述,文化机构在辽宁文化传播过程中充当着文化资源的收集者和保护者的角色。无论是对物质文化遗产的收集和保护,还是对非物质文化遗产的传承和发展,文化机构都承担着核心职能,提供了对辽宁丰富文化遗产的全方位守护。

2. 文化活动的组织和策划

在辽宁文化传播过程中,文化机构起着举足轻重的作用。这些机构在组织和策划文化活动方面，尤为突出。通过举办艺术展览、音乐会和戏剧演出等多种形式的活动，文化机构不仅展示了辽宁的文化魅力，同时也推动了文化产业的繁荣发展。

首先，博物馆和艺术馆在组织艺术展览方面发挥了重要作用。各馆经常举办不同主题的展览，如传统书画展、雕塑展、摄影展等，向公众传递辽宁丰富的艺术内涵。通过展示多样化的艺术作品，观众能够更直观地了解辽宁的艺术发展脉络。同时，这些展览活动也为辽宁本地及全国乃至全球范围内的艺术家们提供了展示才华的舞台。

其次，音乐会和戏剧演出是文化活动的另一重要形式。此类活动通常由文化中心、剧院和艺术团体等机构策划与组织。如辽宁歌舞剧院举办的民族音乐会、辽宁话剧团推出的地方特色戏剧等，都让观众亲身感受到了辽宁文化的魅力。这样的表演活动不仅丰富了人们的文化生活，同时还为辽宁文化传播赢得了广泛的认可。

最后，文化机构还会定期组织讲座、研讨会等学术活动，以便进一步推广辽宁文化。通过邀请业内专家为公众分享辽宁历史、文化、艺术等方面的知识，文化机构激发了人们对辽宁文化传承与发展的兴趣，有助于打造具有辽宁特色的文化品牌。

综上所述，在组织和策划文化活动中，文化机构扮演着关键角色。通过多种形式的活动，如艺术展览、音乐会及戏剧演出等，展示了辽宁文化的独特魅力，并在推动文化产业发展方面取得了显著成效。可以说，文化机构为辽宁文化传播打下了坚实的基础，拓宽了文化交流的渠道。

四、高校

作为辽宁文化传播的关键参与者，高校扮演了不可或缺的角色。作为文化教育的核心实体，高校在辽宁文化的推广和传播中，展现了以下显著的影响力。

1. 人才培养

辽宁地区的高校作为文化教育的核心实体，在文化的传播与推广过程中肩负重要使命。其中，人才培养是大学对辽宁文化传播产生显著影响力的重要途径。在高校的人才培养中，不仅使辽宁文化得到推广与传播，而且将传统文化与现代文化相结合，为辽宁地区的文化创新提供了智力支持。

首先，高校利用其雄厚的教育资源和师资力量，培养出高素质的人才。在课程设置、教学方式和实践环节等方面，辽宁地区的高校将深厚的地方文化融入教学，使学生在研究、理解和应用辽宁文化的过程中，提高自身的文化素养。例如，大连理工大学、辽宁师范大学等院校，都形成了以地域文化特色为基础的课程体系，培养学生具备发现并研究本土文化现象的能力。

其次，高校通过举办各类文化活动和社团组织，为学生提供更加丰富多元的文化体验。如文学社、戏剧社、舞蹈团等学生团体组织，其组织的活动激发学生的文化热情，并传播辽宁的地域特色文化。同时，这些活动也为学生提供了锻炼自我、发挥才华的平台，使他们在实践中获得更深入的文化体验。

最后，高校人才培养还着力于发掘和培养具有创新能力的人才。在现代社会，传统文化与现代科技的融合日益凸显，高校便以此为契机，教授众多交叉学科的知识，激发学生独立思考，探索文化创新的可能。例如，辽宁大学的文科类专业，如文化产业管理、新闻传播学等专业，强调培养学生具备文化与科技跨界融合的能力。

综上所述，作为辽宁文化传播的关键参与者，高校在人才培养方面贡献巨大。因此，在辽宁文化的传播、推广与创新过程中，高校为培养具有高度文化素养和创新能力的人才提供了重要渠道。这些人才为辽宁文化的发展添砖加瓦，进而推动了辽宁文化的广泛传播和深度创新。

2. 文化研究

大学，作为辽宁文化传播的重要推动者，其在文化研究方面的贡献不可小觑。一方面，高校拥有优秀的教职人员和先进的研究设施，这为深度文化研究奠定了坚实的基础；另一方面，高校的研究性质和全面的学科设置，使其能够从多角度、多层次进行辽宁文化的研究，推动文化创新。

首先，高校采用科研的方法深入理解和探讨辽宁文化。以辽宁大学为例,该校设置了较为完善的人文社科学院体系,开展涵盖历史、文学、艺术等各种与文化相关的研究。教师和研究生团队以科研的方式,对辽宁文化进行深入的挖掘和探讨,期望从中发现新的理论和观点,丰富辽宁文化的内涵。

其次,高校的研究成果可以推动文化的创新和发展。例如,高校的研究团队通过深入研究辽宁的历史、民俗等文化元素,提出了诸多新的理论观点,如辽宁地理环境对文化形态影响的研究、辽宁文化中人与自然和谐相处的内涵等。这些研究成果不仅丰富了辽宁文化的理论基础,还为现代文化的创新提供了有力的依据。

最后,高校的文化研究也有助于辽宁文化的推广和传播。教师通过教学,将文化研究中发现的新理论和新观点传递给学生,使其有更深层次的了解和认识,同时也培养了学生的文化素养。而高校也会定期举办学术讨论会、研究成果展示等活动,将文化研究成果推广出去,让更多的人了解并研究辽宁文化。

综上所述,高校作为文化研究的主力军,其优秀的研究团队和设施,以及深入的研究方法,使其在辽宁文化研究中发挥了重要作用。这一过程不仅推动了辽宁文化的创新和发展,也十分有益于辽宁文化的传播和推广。

3. 文化交流

高校,作为教育和研究的中心,也是多元文化碰撞和交流的重要场所。在辽宁文化的推广和传播过程中,高校以文化交流的角色发挥了极其重要的作用。其中,高校的全球化视野与开放态度,为辽宁文化建立了与其他地域和国际文化对话的桥梁,进一步提升了辽宁文化的全球影响力。

首先,高校通常采用的交流活动形式包括学术研讨会、交流峰会、艺术节、学术访问等。例如,沈阳师范大学定期会和全国以及全球的其他大学进行学术交流、联谊活动,使得多元的学术观点和文化理念在校园内得以交流和传播。这种开放的学术氛围在校园内营造出一种多元、包容的文化,极大地推动了辽宁文化的推广和传播。

其次,高校之间的交流活动也成为辽宁文化与其他地域和国际文化对话的桥梁。如辽宁大学利用其强大的国际交流网络，将辽宁特有的文化现象介绍给世界。通过海外的学术访问、国际研讨会等活动，世界各地的学者和研究人员有机会了解和学习辽宁的文化内涵和特色，这无疑使得辽宁文化得以在全球范围内传播。

最后，高校的文化交流不仅体现在学术领域。随着高等教育的国际化，越来越多的国际学生来到辽宁学习，他们带来各地的文化元素，也将辽宁的文化带回自己的国家，实现了辽宁文化与其他地域或国际文化的深度交融和传播。

综上所述，高校作为学术和文化交流的核心场所，在推广和传播辽宁文化方面拥有巨大的影响力。通过大学的学术和文化层面的交流，辽宁文化得以穿越地域、国界，传播至全球，进一步提升了辽宁文化的全球影响力。

五、社会组织

作为辽宁文化传播的关键参与者，社会组织，包括民间团体、非营利机构以及其他社会组织，扮演着至关重要的角色。具体来说，社会组织在辽宁文化传播过程中的主要贡献包括以下几个方面。

1. 文化活动的组织和策划

社会组织在辽宁文化传播的过程中扮演着不可忽视的角色，尤其在策划和组织各类文化活动方面，这些社会组织的作用十分显著。他们的活动形式多样，包括艺术展示、音乐节、戏剧表演等，旨在以生动且形象的方式向大众展示辽宁的文化特色，增进大众对辽宁文化的了解和认同，从而推动文化的传播与交流。

首先，社会组织通过举办艺术展示活动，推广辽宁传统文化和现代艺术。例如，辽宁省书法家协会定期组织的书法展览会，将辽宁地区的书法艺术推广至大众面前，使人们了解并欣赏到本土的艺术风格和传统文化。

其次，音乐节和戏剧表演等活动展现了辽宁的音乐和戏剧艺术。如沈阳市举办的"冰雪音乐节"，以及各地的"山海关老年京剧团"的演出，让观众对辽宁的音乐和戏剧文化有了更深的了解和认识。

最后，社会组织还通过各种文化研讨会、讲座、培训等形式，提升大众的文化素养，引发对辽宁文化的讨论和思考。例如，辽宁省文化交流协会不定时地举办一些有关辽宁历史、文化的讲座和研讨会，让人们有机会从学术角度理解辽宁文化。

总的来看，社会组织作为辽宁文化传播的关键参与者，通过策划和实施各类文化活动，将辽宁的文化特色以直观生动的方式展示给大众，大大推进了辽宁文化的传播与交流。可以说，这些社会组织的工作对于提升辽宁文化的影响力，以及丰富大众的文化生活，都具有十分重要的意义。

2. 社区文化传播

社会组织在社区文化传播中扮演着重要的角色，他们通过实施多元化的文化项目，巧妙地将辽宁文化引入社区，使文化的传播更具亲和力和广泛性，激发社区居民对辽宁文化的理解和参与。

首先，社会组织常常通过各种形式的文化项目以满足不同年龄层、职业和兴趣的社区居民对文化的需求。如举办社区艺术展示、组织文化讲座等活动，引导居民关注和参与到辽宁文化的学习和传播中来。以辽宁社区"艺术进社区"项目为例，这个项目通过组织居民参与艺术活动，如剪纸、皮影、民族舞等，极大地增强了居民对辽宁文化的了解和热爱，同时还提升了社区的文化氛围。

其次，社会组织也会通过配合节假日举办特色文化活动来传播辽宁文化。如在春节期间，由社区支持的龙舞、狮舞、舞旗和打鼓等表演，这些传统的节日习俗表演不仅丰富了居民的节日生活，也在日常生活中传承了辽宁的文化元素。

最后，社会组织可以借助新媒体进行文化传播，如在社交媒体、网站以及社区论坛等平台上推广辽宁文化，让更多人了解和关注辽宁文化。

总之，社会组织在辽宁文化的传播中具有特殊而重要的地位，他们在社区实施的文化项目不仅让居民能够近距离接触和参与到辽宁文化中，也为辽宁文化的传播提供了更广阔的空间。

3. 公众参与

社会组织在提供公众参与辽宁文化活动的平台方面，起到了至关重要的作用。他们组织的文化节庆、志愿服务等活动，为公众提供了体验和深入了解辽宁文化的机会，从而有力地推动了辽宁文化的传播和共享。

首先，社会组织通过举办文化节庆，让公众在参与和体验的过程中了解和感受辽宁的文化。如每年在沈阳七二四文化节上，通过一系列的表演、艺术展示和手工艺以及烹饪比赛等活动，公众不仅能观赏到辽宁本土的艺术风格，还可以体验到本土的传统手工艺和美食，从而对辽宁文化有更深入的理解。

其次，社会组织也会通过组织志愿服务活动，让公众在实践中体验和传播辽宁文化。例如，一些社区组织会组织居民进行辽宁本土传统工艺的保护工作，如陶瓷制作、套色木雕等。这样的活动不仅让公众有机会亲手体验和了解这些工艺，同时也在社区居民中传播了辽宁的传统文化。

最后，社会组织还通过各种活动，如公开课、讲座、研讨会等，提供学习和了解辽宁文化的机会，鼓励公众的参与。公众的参与不仅加深了他们对辽宁文化的理解和认同，也有效地推动了辽宁文化的传播。

总体来看，社会组织为公众提供了参与和体验辽宁文化的众多机会，这些机会不仅使公众有机会深入了解和体验辽宁的文化，同时也推动了文化的传递和共享，进一步增强了辽宁文化的影响力。

第二节　辽宁文化传播的内容

在本节，将深入探讨辽宁文化传播的内容。第一，将关注非遗文化，包括辽宁非遗名录及其传播价值。第二，将转向红色文化，探讨其内涵、发展历程、主要表现形式——红色文化遗产，以及其传播价值。第三，将探讨影视文化，包括其起源和传播价值。将分析辽宁电影文化市场、电视剧文化市场以及影视文化的传播价值。第四，将讨论体育文化，包括辽宁休闲娱乐文化的发展现状以及体育旅游文化的传播价值。第五，将关注工业文化，包括辽宁工业文化资源的分布和工业文化的传播价值。这一节旨在全面、深入地了解辽宁文化的各个方面,以便更好地了解和评价其传播价值。

一、非物质文化遗产

辽宁的非物质文化遗产(简称辽宁非遗)名录共有四批,内容丰富多样,包括民间文学、民间音乐、民间舞蹈、传统戏剧、曲艺、民间美术、传统手工技艺和民俗等多个领域的非遗文化。

1. 辽宁非遗名录

辽宁国家级和省级非物质文化遗产代表性项目如表6.1、表6.2所示。

表6.1　辽宁国家级非物质文化遗产代表性项目

序号	项目类别	项目名称
1	民间文学 (6项)	谭振山民间故事
2		锡伯族民间故事
3		北票民间故事
4		喀左东蒙民间故事
5		"古渔雁"民间故事
6		满族民间故事
7	传统音乐 (9项)	笙管乐(复州双管乐)
8		海洋号子(长海号子)
9		千山寺庙音乐
10		蒙古族民歌(阜新东蒙短调民歌)
11		唢呐艺术(丹东鼓乐)
12		辽宁鼓乐
13		笙管乐(建平十王会)
14		辽宁鼓乐
15		蒙古族马头琴音乐(蒙古勒津马头琴音乐)
16	传统舞蹈 (9项)	龙舞(金州龙舞)
17		高跷(海城高跷)
18		秧歌(抚顺地秧歌)

序号	项目类别	项目名称
19		朝鲜族农乐舞（乞粒舞）
20		高跷（辽西高跷）
21		高跷（盖州高跷）
22		朝鲜族农乐舞
23		（高跷）上口子高跷
24		鼓舞（辽西太平鼓）
25	传统戏剧（10项）	京剧
26		评剧
27		评剧
28		皮影戏（复州皮影戏）
29		海城喇叭戏
30		皮影戏（岫岩皮影戏）
31		木偶戏（辽西木偶戏）
32		皮影戏（盖州皮影戏）
33		皮影戏（凌源皮影戏）
34		皮影戏（锦州皮影戏）
35	曲艺（12项）	东北大鼓
36		东北大鼓
37		北京评书
38		东北大鼓
39		北京评书
40		东北二人转
41		东北大鼓
42		北京评书
43		乌力格尔
44		二人转
45		东北二人转
46		盘索里
47	传统体育、游艺与杂技（2项）	少北拳
48		摔跤（沈阳北市摔跤）

序号	项目类别	项目名称
49	传统美术 （14项）	建筑彩绘（传统地仗彩画）
50		剪纸（庄河剪纸）
51		核雕（大连核雕）
52		岫岩玉雕
53		剪纸（岫岩满族剪纸）
54		满族刺绣（岫岩满族民间刺绣）
55		剪纸（新宾满族剪纸）
56		石雕（煤精雕刻）
57		琥珀雕刻
58		阜新玛瑙雕
59		剪纸（医巫闾山满族剪纸）
60		满族刺绣（锦州满族民间刺绣）
61		剪纸（建平剪纸）
62		锡雕（锦州锡雕）
63	传统技艺 （4项）	蒸馏酒传统酿造技艺（老龙口白酒传统酿造工艺）
64		辽菜传统烹饪技艺
65		砚台制作技艺（松花石砚制作技艺）
66		盘炕技艺（桓仁盘炕技艺）
67	传统医药 （2项）	中医正骨疗法（海城苏氏正骨）
68		蒙医药（血衰症疗法）
69	民俗 （8项）	中秋节（朝鲜族秋夕节）
70		民间社火（本溪社火）
71		民间社火（义县社火）
72		民间社火（朝阳社火）
73		民间信俗（锡伯族喜利妈妈信俗）
74		朝鲜族花甲礼
75		元宵节（辽西朱碌科黄河阵）
76		庙会（天成观庙会）

资料来源：辽宁文化和旅游厅官网。

表 6.2　辽宁省级非物质文化遗产代表性项目

序号	项目类别	项目名称
1	民间文学 （16 项）	沈阳东陵满族民间故事
2		沈阳新民民间故事
3		沈阳民间传统灯谜
4		薛天智民间故事
5		锡伯族民间故事
6		王树峥民间故事
7		庄河民间故事
8		抚顺满族民间故事
9		巴图鲁乌勒本
10		本溪满族民间故事
11		医巫闾山民间文学
12		义县风物传说
13		望儿山传说
14		辽阳王尔烈民间传说
15		铁岭朝鲜族民间故事
16		辽西古战场传说
17	传统音乐 （20 项）	白清寨传统唢呐
18		朝鲜族传统说唱艺术
19		大连吹咔乐
20		金州古琴音乐
21		复州鼓乐
22		大连新金民歌
23		普兰店鼓乐
24		庄河双管乐
25		辽南古诗词吟咏
26		金州单鼓音乐
27		岫岩满族民间歌曲
28		岫岩民间鼓乐
29		岫岩单鼓

序号	项目类别	项目名称
30		本溪鼓乐
31		丹东单鼓
32		丹东朝鲜族民歌
33		义县佛教音乐
34		建昌鼓乐
35		古琴艺术
36		朝阳民间鼓乐
37		张氏皇苑龙舞龙技艺
38		锡伯族灯官秧歌
39		复州高跷秧歌
40		金州狮舞
41		本溪县太平秧歌
42		本溪全堡寸跷秧歌
43	传统舞蹈	丹东上打家什高跷
44	（15项）	营口津式高跷
45		辽阳地会
46		铁岭伞灯秧歌
47		凌源高跷秧歌
48		哨口高跷
49		兴城满族秧歌
50		寺庙查玛舞
51		建平昆角秧歌
52		评剧（沈阳鑫艳玲）
53		沈阳关氏皮影
54		庄河皮影戏
55	传统戏剧	海城皮影戏
56	（14项）	鞍山皮影戏
57		抚顺皮影戏
58		京剧（本溪徐派毕谷云）
59		宽甸八河川皮影戏

序号	项目类别	项目名称
60		黑山皮影戏
61		陈桂秋评剧表演艺术
62		凌海民间皮影
63		喀左皮影戏
64		大荒皮影戏
65		金开芳评剧表演艺术
66	曲艺 （7项）	沈阳相声
67		新民二人转
68		庄河东北大鼓
69		陈派评书
70		蒙古勒津好来宝
71		建昌大鼓
72		鞍山快板书
73	传统体育、游艺与 杂技（19项）	朝鲜族传统"掷栖"竞技游戏
74		螳螂拳
75		锡伯族歘嘎拉哈
76		金州梅花螳螂拳（六合棍）
77		满族珍珠球
78		凤城满族珍珠球
79		大刀张举拉弓杂技表演艺术
80		辽阳逍遥门武功
81		古典戏法
82		喀左纺车秋千
83		通背拳
84		鸳鸯拳
85		杨氏太极拳
86		功力门
87		朝鲜族象棋
88		老六路太极拳
89		祁家门五行通背拳

序号	项目类别	项目名称
90		阜新蒙古勒津西塔尔（蒙古族象棋）
91		喀左蒙古族象棋
92		沈阳"面人汤"
93		初春枝满族剪纸
94		刻瓷
95		瓦房店东岗剪纸
96		普兰店传统手工布艺技艺
97		马驷骥根艺
98		回族剪纸
99		本溪满族剪纸
100		传统木版年画
101		本溪桥头石雕
102		凤城满族荷包
103		孤山泥塑
104		凤城景泰蓝珀晶画
105	传统美术 （45项）	丹东面塑
106		黑山玛瑙雕
107		传统泥塑彩绘
108		锦州葫芦雕
109		传统布老虎
110		锦州面塑
111		盖州风筝
112		营口陈氏面塑工艺
113		营口木浮雕工艺
114		朱月岚剪纸
115		蒙古勒津刺绣
116		彰武民间剪纸
117		铁岭王千石雕
118		指画艺术
119		西丰满族剪纸

序号	项目类别	项目名称
120		朝阳根雕
121		朝阳民间绣活
122		朝阳红土泥塑
123		小亮沟苇编
124		兴城民间绣活
125		金石篆刻（齐派）
126		烙画艺术
127		关东微雕
128		方氏皮箱雕刻技艺
129		沈阳满族刺绣
130		大连贝雕
131		新宾满族刺绣
132		宽甸柳编技艺
133		锦州锻铜浮雕画
134		老世兴金银制作技艺
135		朝阳慢轮制瓦
136		沈阳刘氏刺绣技艺
137		古建筑彩绘技法
138		沈阳胡魁章制笔工艺
139		书画装裱修复技艺
140		马家烧麦制作技艺
141		老边饺子传统制作技艺
142		沈阳满族堆绫技艺
143	传统技艺 （55项）	桃山白酒传统酿造技艺
144		古书画装裱修复技艺
145		普兰店田家黄酒酿造技艺
146		大连老黄酒酿造技艺
147		金州老菜传统烹饪技艺
148		金州益昌凝糕点制作技艺
149		海城牛庄馅饼制作技艺

序号	项目类别	项目名称
150		海城小码头干豆腐制作技艺
151		锔瓷技艺
152		拂尘制作技艺
153		抚顺千台春白酒传统酿造技艺
154		人参炮制技艺
155		新宾满族传统小吃制作技艺
156		本溪永隆泉满族传统酿酒工艺（铁刹山酒）
157		凤城老窖酒传统酿造技艺
158		凤城满族传统小吃制作技艺
159		道光廿五白酒传统酿制技艺
160		锦州小菜制作技艺
161		沟帮子熏鸡制作技艺
162		锦州风筝制作技艺
163		辽西绳结技艺
164		三沟白酒传统酿造技艺
165		千山白酒酿造技艺（麸曲酱香酿酒法）
166		铧子白酒传统酿造技艺
167		喀左塔城陈醋酿造技艺
168		凌塔白酒传统酿造技艺
169		民间香蜡制作技艺
170		老胡家烧鸡制作技艺
171		二界沟排船制作技艺
172		兴城全羊席制作技艺
173		沈阳李氏糖人制作技艺
174		崔氏戏鞋制作技艺
175		那氏旗袍制作技艺
176		沈阳花灯制作技艺
177		康福老月饼制作技艺
178		千山彩塑彩绘
179		新宾满族袍服制作技艺

序号	项目类别	项目名称
180		本溪满族荷包
181		辽东条编技艺
182		凌海瞒鼓制作技艺
183		北镇猪蹄制作技艺
184		白家清真菜烹烤技艺
185		胡琴制作技艺
186		蒙古勒津馅饼制作技艺
187		宝发祥月饼制作技艺
188		二界沟郭氏虾油虾酱制作技艺
189		刘家果子制作技艺
190		御膳制作技艺
191		盛京满绣旗袍制作技艺
192	传统医药 (5项)	华山正骨诊疗技法
193		德记号中医药文化
194		满族医药（木鸡汤制作技艺）
195		张懋祺中医整复点穴骨盆复位疗法
196		中医骨诊
197	民俗 (22项)	旅顺放海灯
198		放海灯习俗
199		海城庙会
200		满族清明节插佛托习俗
201		新宾满族放路灯习俗
202		满族婚礼习俗
203		满族祭祖习俗
204		祭山习俗
205		丹东妈祖祭典
206		大石桥迷镇山庙会
207		蒙古勒津婚礼
208		蒙古勒津祭敖包
209		蒙古勒津安代

序号	项目类别	项目名称
210		蒙古勒津服饰
211		广佑寺庙会
212		朝鲜族传统婚礼
213		建昌灯会
214		本溪碱厂舞龙
215		铁岭朝鲜族上元节
216		喀左大杖子李龙王赶香烟
217		铁岭舞龙舞狮
218		辽河口渔家菜特色食材加工技艺与习俗

资料来源：辽宁文化和旅游厅官网。

以上是辽宁非遗名录的具体内容，其中展示了辽宁丰富多样的非物质文化遗产。这些非遗项目的保护和传承，有助于推动辽宁的文化传播，并为人们了解和欣赏辽宁的非遗文化提供了机会。

2. 辽宁非遗文化传播价值

辽宁的非遗文化丰富多样，涵盖了民间文学、传统音乐、传统舞蹈、传统戏剧、曲艺、传统体育游艺与杂技、传统美术、传统技艺、传统医药和民俗等多个领域，其文化传播价值不可忽视。

（1）历史和文化价值——人类文明的重要组成部分

辽宁非遗，作为一种独特且丰富的文化资源，不仅具有深厚的历史价值，更是文化研究的重要载体。这些非物质文化遗产，是辽宁各民族在长期的生活实践中积累和创造出来的文化财富，是人类文明的重要组成部分，对于研究辽宁的历史文化、民族文化、地方文化具有重要的参考价值。

首先，非遗是历史的见证，其承载了辽宁的历史记忆。例如，"安东木偶"是辽宁安东县独特的传统艺术形式，源远流长，可以追溯到明朝。这种木偶表演艺术形式充分展示了辽宁的地方文化特色和历史变迁。其表演内容涵盖了社会生活的各个方面，如农耕、捕鱼、战争、宗教仪式等，提供了一种生动的方式来理解和研究辽宁的历史和社会变迁。"盘锦龙舟"则是辽宁盘锦地区的一项重要的民间传统活动，其历史可以追溯到春秋战国时期。龙舟赛是每年端午节的重要活动，不仅展示了辽宁的民俗风情，也反映了辽宁社会的发展和变迁。例如，随着经济的发展和社会的进步，龙舟赛已经从原来的宗教仪式发展成了一项重要的体育活动和旅游项目，这也反映了辽宁社会的现代化进程。总的来说，"安东木偶"和"盘锦龙舟"等非遗项目不仅是辽宁历史文化的重要组成部分，也是辽宁历史变迁和社会发展的生动写照，对于研究辽宁的历史文化具有重要的参考价值。

其次，非遗是民族文化的载体，体现了辽宁各民族的生活方式和思维方式。例如，朝鲜族刺绣的主题多涉及自然、生活和神话传说，这些主题反映了朝鲜族人民对自然的敬畏、对生活的热爱和对神话传说的信仰。朝鲜族刺绣的技艺和所选择的艺术形象也反映了朝鲜族人民的审美观和思维方式。朝鲜族刺绣的线条流畅、色彩鲜艳，反映了朝鲜族人民对美的追求和对生活的热爱。满族传统音乐的主题多涉及狩猎、战争和祭祀，这些主题反映了满族人民的生活方式和思维方式。满族传统音乐的旋律激昂、节奏鲜明，反映了满族人民的豪放和勇敢。满族传统音乐的演奏方式也反映了满族人民的生活习惯和思维方式。满族传统音乐的演奏方式多为合奏，反映了满族人民的集体主义精神。

再次，非遗是地方文化的象征，体现了辽宁各地的地方特色和地域文化。例如，辽宁的"锦州剪纸""葫芦岛石雕"等非遗项目，都是各地区文化的重要表现形式，反映了各地区的地方特色和地域文化，对于研究辽宁的地方文化具有重要的参考价值。

最后，非遗是文化创新的源泉，为辽宁的文化创新提供了丰富的素材和灵感。例如，辽宁的"抚顺石狮子""沈阳皇寺香炉"等非遗项目，都是辽宁文化创新的重要源泉，为辽宁的文化创新提供了丰富的素材和灵感。

总的来说，辽宁非遗作为一种文化资源，具有很高的历史价值和文化价值。其是辽宁各民族在长期生活实践中积累和创造的文化财富，是人类文明的重要组成部分，对于研究辽宁历史文化、民族文化、地方文化具有重要意义。

（2）艺术价值——彰显地域和民族特色

非遗是人类文化遗产的重要组成部分，是人类社会历史发展过程中形成的、世代相传的、富有地域特色和民族特色的传统文化表现形式。辽宁作为中国东北的重要省份，其非遗资源丰富，具有鲜明的地域特色和民族特色，是辽宁文化的重要组成部分。

辽宁非遗的艺术价值体现在其传承和发展过程中的动态性和多元性。非遗并非僵化的、固定的，而是一个动态的、生动的文化现象。在传承过程中，非遗不断吸收和融合各种文化元素，形成了独特的艺术风格和表现手法。以辽宁的皮影戏为例，其在传承过程中，不断吸收和融合了各地皮影戏的艺术特色，形成了独特的辽宁皮影戏艺术风格。这种风格的形成并非一蹴而就，而是在长期的历史积淀和文化交融中逐渐形成的。辽宁皮影戏在艺术风格的形成过程中，展现了非遗的生命力和创新性。同时，辽宁皮影戏在传承过程中，也不断创新，如在剧目选择、表演技巧、艺术表现等方面进行了创新。这种创新并非是对传统的抛弃，而是在尊重和继承传统的基础上，对传统进行了创新性的发展和延伸。这种创新性的发展和延伸，使得辽宁皮影戏具有了更强的生命力和艺术吸引力。辽宁非遗的生命力和创新性，还表现在其对于当代社会和文化环境的敏感性和适应性。在全球化和现代化的大背景下，辽宁非遗在传承和发展过程中，既保持了对传统的尊重和继承，又积极适应和回应了当代社会和文化环境的变化。这种敏感性和适应性，使得辽宁非遗在传承和发展过程中，既保持了其文化根基和历史连续性，又展现了其时代性和现代性。

辽宁非遗的艺术价值体现在其独特的艺术风格和表现手法方面，这些风格和手法既具有地域性特征，又融入了全球性的元素，形成了独特的艺术语言。以辽宁的剪纸艺术为例，这种传统艺术形式以其独特的剪刀技巧和纸张选择，展现了辽宁人民的艺术才情和智慧。剪纸艺术在传承过程中，不断创新，形成了独特的辽宁剪纸艺术风格。剪纸作品以其精细的剪刀技巧、丰富的图案内容、独特的艺术表现，具有很高的艺术价值。剪纸艺术不仅是一种艺术形式，也是一种文化记忆，其记录了辽宁人民的生活方式、思维方式以及对世界的理解和感知。

辽宁非遗的艺术价值体现在其丰富的艺术形式和内容方面。辽宁非遗包括了各种艺术形式,如皮影、木雕、陶艺、绣品、民间歌舞等。这些艺术形式丰富多样,内容独特,展现了辽宁人民的艺术才情和智慧。

辽宁非遗的艺术价值还体现在其在全球化背景下的创新和发展方面。在全球化的浪潮下,辽宁非遗在传承和发展中,不断吸收全球性的元素,创新其艺术形式和内容,形成了具有全球性影响力的辽宁非遗艺术。例如,辽宁的剪纸艺术,在传承和发展中,不断吸收全球性的元素,对剪刀技巧和纸张选择不断创作,形成了具有全球性影响力的辽宁剪纸艺术。

总的来说,辽宁非遗以其强大的生命力和创新性,以及独特的艺术风格和表现手法,展现了辽宁文化的魅力,也为人们提供了了解和研究辽宁文化的重要途径。应该加大对非遗的保护和传承力度,使其在传承中发展,在发展中传承,为人类文化的多样性和丰富性作出贡献。

(3) 经济价值——推动文化产业发展

辽宁的非遗不仅具有深厚的历史文化价值,也具有巨大的经济价值。随着文化产业的发展,非遗已经成为文化产业的重要组成部分,对于推动辽宁文化产业的发展,促进辽宁经济的转型升级具有重要作用。

非遗的保护和传承可以推动文化旅游业的发展。辽宁作为中国东北的重要省份,拥有丰富的非遗资源。这些非遗项目,如皮影戏、锣鼓书、剪纸等,都具有独特的地方特色和艺术魅力。皮影戏以其独特的艺术形式和表演技巧,吸引了大量的观众;锣鼓书以其激昂的节奏和富有感染力的表演,深受人们的喜爱;剪纸则以其精美的图案和深厚的文化内涵,赢得了人们的赞誉。这些非遗项目不仅是辽宁的文化瑰宝,也是中国的文化遗产。非遗的保护和传承可以推动文化旅游业的发展。在全球化的背景下,人们对于传统文化和民族文化的需求日益增强。非遗旅游,就是以非遗项目为主题,通过参观、体验、学习等方式,让游客了解和感受非遗文化的旅游活动。非遗旅游不仅可以满足人们的文化需求,也可以推动旅游业的发展。辽宁通过开展非遗旅游活动,有效地推动了旅游业的发展。一方面,非遗旅游活动吸引了大量的国内外游客，增加了旅游收入；另一方面，非遗旅游活动也带动了相关产业的发展，如餐饮、住宿、交通、购物等，促进了地方经济的增长。同时，非遗旅游活动也为非遗项目的保护和传承提供了更好的平台和机会。

非遗的开发和利用可以推动文化创意产业的发展。非遗资源是文化创意产业的重要素材，其富含深厚的文化内涵和独特的地方特色，为文化创意产业提供了丰富的创作灵感和素材来源。首先，非遗资源的开发和利用可以创造出具有地方特色和文化内涵的文化创意产品。例如，非遗主题的工艺品和纪念品，可以将非遗元素融入设计中，创造出既具有艺术性又富有文化韵味的产品。如江西景德镇的瓷器，将非遗元素青花瓷的制作技艺融入其中，创造出具有独特艺术魅力和文化价值的瓷器产品。其次，非遗资源的开发和利用也可以推动动漫、游戏等数字文化产业的发展。例如，非遗元素可以被用于动漫、游戏的角色设计、剧情设定等方面，创造出具有独特文化特色的数字文化产品。如《封神榜》动漫，将中国的神话传说——封神演义的故事和非遗元素融入其中，创造出具有浓厚中国文化气息的动漫作品。最后，非遗资源的开发和利用还可以推动文化旅游产业的发展。例如，非遗资源可以被用于开发具有地方特色和文化内涵的旅游产品，吸引游客前来体验和消费。如贵州的苗族银饰，将非遗元素苗族银饰的制作技艺融入其中，开发出具有独特文化魅力的旅游产品。

非遗的保护和传承可以推动文化服务业的发展。非遗，即非物质文化遗产，是指那些代代相传、为社区和群体以及个人所认可，并且符合社区、群体和个人的期望，对于他们的身份感以及连续性起到至关重要作用的各种实践、表现、表述、知识和技能，以及与之相关的工具、制作的物品、艺术品和文化场所。非遗的保护和传承，不仅是对传统文化的尊重和维护，更是对文化多样性的肯定和推动。同时，非遗的保护和传承也可以推动文化服务业的发展。首先，非遗项目的保护和传承需要大量的人力和物力投入。这些投入包括对非遗项目的研究、保护、传承、推广等工作。这些工作为文化服务业提供了广阔的市场空间，推动了文化服务业的发展。例如，对于非遗项目的研究，需要专业的研究人员和机构，这就为文化研究服务业提供了市场。

对于非遗项目的保护，需要专业的保护机构和人员，这就为文化保护服务业提供了市场。对于非遗项目的传承，需要专业的教育和培训机构，这就为文化教育服务业提供了市场。对于非遗项目的推广，需要专业的传媒和广告机构，这就为文化传媒服务业提供了市场。例如，锦州的满族刺绣，是我国一项重要的非遗项目。满族刺绣的保护和传承，需要专业的研究人员和机构进行研究，需要专业的保护机构和人员进行保护，需要专业的教育和培训机构进行传承，需要专业的传媒和广告机构进行推广。这些工作为锦州的文化服务业提供了市场，推动了锦州文化服务业的发展。再如，沈阳的皇家音乐，也是我国一项重要的非遗项目。皇家音乐的保护和传承，需要专业的研究人员和机构进行研究，需要专业的保护机构和人员进行保护，需要专业的教育和培训机构进行传承，需要专业的传媒和广告机构进行推广。这些工作为沈阳的文化服务业提供了市场，推动了沈阳文化服务业的发展。

非遗的保护和传承可以提高辽宁的文化软实力。首先，非遗是辽宁的文化符号和精神象征。例如，辽宁的"莲花落"，这是一种源于清朝的传统曲艺形式，融合了说、唱、念、打等多种表演方式，以其独特的艺术魅力和丰富的社会内容，深受辽宁人民的喜爱。"莲花落"不仅是辽宁的文化符号，更是辽宁人民的精神象征，代表了辽宁人民的智慧和才情。其次，非遗是构建地方品牌的重要资源。以辽宁的"抚顺石狮"为例，这是一种独特的传统工艺，以其精湛的技艺和独特的艺术风格，成为抚顺的地方品牌。"抚顺石狮"不仅是抚顺的文化名片，更是抚顺的旅游名片，吸引了大量的游客前来参观和购买。再次，通过对非遗的保护和传承，可以提升辽宁的文化影响力。例如，辽宁的"锦州剪纸"，这是一种具有悠久历史的传统艺术，以其独特的艺术风格和丰富的文化内涵，受到了国内外的广泛关注和高度赞誉。通过对"锦州剪纸"的保护和传承，不仅可以保护这种独特的艺术形式，更可以提升辽宁的文化影响力，提高辽宁在国内外的知名度。最后，非遗的保护和传承可以提高辽宁的文化软实力。辽宁的"营口热炕"，是一种传统的生活方式，以其独特的生活哲学和人文关怀，受到了人们的高度赞誉。通过对"营口热炕"的保护和传承，不仅可以保护这种独特的生活方式，更可以提高辽宁的文化软实力，促进辽宁的全面发展。

二、红色文化

1. 辽宁红色文化的内涵

辽宁红色文化是中国特色社会主义先进文化的重要组成部分，在辽宁这片广袤的土地上，其见证了中国共产党领导人民进行革命、建设和改革的历程。这种文化既以遗址、遗迹、故居、纪念馆等物质文化形式存在，也承载着历史事件和模范人物背后的红色印记和红色精神等非物质文化元素。辽宁红色文化不仅是历史的见证，更是一种灵感来源，其激励着人们坚定信念、追求真理、崇尚正义，并为实现社会主义现代化伟大目标贡献力量。

2. 辽宁红色文化的发展历程

（1）党组织在辽宁的建立和发展

在 18 世纪 80 年代至五四运动前夕，辽宁近代工业在外国资本主义的推动下持续发展，洋务运动也进一步加快了辽宁现代工业的扩张速度。此时期，辽宁工人阶级应运而生并逐渐壮大，为中国共产党在辽宁建立党组织和开展工作奠定了基础。

随着俄国十月革命爆发，马克思主义在辽宁获得了广泛传播。青年知识分子领导的各界人民积极参与反帝反封建爱国革命运动——五四运动，为党在辽宁的组织建设和实践活动提供了坚实根据。诸多进步组织在辽宁相继成立，工人阶级的罢工运动不断升温。

中国共产党于 1921 年成立，在巩固辽宁革命斗争领导地位方面，建立了中国共产党北区执行委员会，负责北方地区党务事务。1923 年，在中央支持之下，辽宁成立了第一个基层党组织——中共沟帮子铁路党组。

1926 年，大连福纺纱厂 1000 多名工人对日本帝国主义压迫剥削抱有强烈不满，发起了规模庞大的"四·二七"大罢工，在全国各地广泛支持之下取得了胜利。大连福纺纱罢工推进了全国工人罢工运动的进程以及大革命高潮的兴起。

然而，大革命的失败导致东北乃至全国的革命形势陷入低谷。为改变东北地区革命形势，中共中央召开了五大会议并提出在该地区统一党组织。在1927至1934年间，中共满洲省委在辽宁积极推动反帝反封建革命运动，推动辽宁党组织的建设和发展。

（2）辽宁开启中国抗日战争

1931年9月18日，以所谓中国军队破坏铁路并袭击日军为由，日本帝国主义制造"柳条湖事件"，引发全面侵华战争。由于张学良的不抵抗政策，辽宁及东北大部分领土不幸沦落于日本手中。然而，在中共满洲省委领导下，辽宁人民仍然在抗日战争前沿英勇抵抗。他们的勇气大大振奋了广大群众，激发了他们投身抗日救国运动的热情。

1937年7月7日，日军挑起"七七事变"，该事件开启了中华民族大规模的抗日战争。翌日，中国共产党中央委员会向全国发出抗日号召电报，此行动鼓励了东北抗日联军和中国共产党在辽宁的抗日行动。他们主动领导广大群众勇往直前抗日，对于赢取抗日战争以及全球反法西斯战争的胜利，起到了重要的作用。

（3）辽宁人民同国民党的斗争

在抗日战争取得胜利后，国共两党围绕东北地区的控制权爆发了激烈的争斗。蒋介石为保持其专制统治地位，向中国共产党率领的军队发起攻击。而中国共产党为实现辽宁和东北地区的全面解放，领导辽宁民众展开了持久且坚定的斗争。

最终在1948年9月，东北野战军发动了辽沈战役，成功解放了辽宁全省。这一胜利不仅展示出中国共产党的坚强领导力和辽宁人民的决心，也成了中国革命历史中的重要里程碑。

（4）中华人民共和国成立后，辽宁人民展现出对祖国的忠诚及担当

辽宁作为"共和国的长子"，为全国作出了重大贡献。在抗美援朝的硝烟中，辽宁人民的英武表现引人深思。从中华人民共和国成立初期到社会主义发展高潮，他们敬业致力，跨越困难，创下一个个纪录。

在辽宁，众多大中型企业异军突起，展现出强大的经济活力。辽宁人民以热爱工作、对事业奉献、勇攻难关、追求进步的精神，赢得了广泛称赞。

孟泰、雷锋、郭明义等一系列杰出人物的出现，鲜活地描绘了他们忠诚和担当的精神。

一代又一代的辽宁人以其坚韧不拔的精神，塑造了辉煌的历史，实现了老工业基地的再度兴盛。他们的故事，是对辽宁人民坚韧不屈、前行不止的最佳诠释。

3. 辽宁红色文化遗产

在 1921 年至 1949 年的历史时期，辽宁储存了大量的红色文化遗产。在中国的红色文化遗产中，这些遗物具有独一无二的位置和价值。虽然辽宁的红色文化遗产数量庞大，但由于远离城市中心，大量无名县的遗址难以进行深入全面的统计。因此，当前只能根据辽宁省政府公布的省级文物保护单位和 2021 年省文物局发布的《辽宁第一批革命文物名录》对辽宁的红色文化遗产资源进行初步研究和整理。

（1）辽宁红色文化遗产及其分类

当下，关于红色文化遗产的定义存在多样化解读，导致概念模糊，进而影响对辽宁红色文化遗产的理解。因此，深入探讨辽宁红色文化遗产之前，需先明确概念研究主体。

1972 年，联合国教科文组织发布的《保护世界自然和文化遗产公约》中正式提出文化遗产的概念。起初，文化遗产仅涵盖文物、建筑群和遗址等有形实体，后来逐渐纳入口述历史等非物质遗产。总结相关文献，文化遗产包含具有历史价值的有形实体，如文物、建筑群和遗址，及无形传统文化精神，如民间文学、民俗活动和表演艺术。

红色旅游资源偏重地域分布，是红色旅游发展的基础和承载体。依据《2004—2010 年全国红色旅游发展规划纲要》，红色旅游是特定主题旅游形式。以中国共产党领导人民建立的纪念地和标志物为载体，承载革命历史、事迹和精神为内涵，组织游客参与纪念学习、参观游览等主题活动。红色旅游资源有广义和狭义之分。广义红色旅游资源顺应时代发展趋势，弘扬爱国主义和民族团结精神，凝结各种革命建设活动过程中的人文景观和积极健康向上的精神。狭义红色旅游资源指 1921 年至 1949 年形成的革命历史遗址和社会文化现象,具体到地域空间,反映革命历史、事迹和精神,具有多重价值,吸引游客。本书的论述基于狭义红色旅游资源。

"红色文化遗产"这一术语于 2004 年的《2004—2010 年全国红色旅游发展规划纲要》中被提出,现阶段学术研究较少且指导性弱。根据国内相关部门定义,红色文化遗产是指 1921 年至 1949 年中央革命根据地、红军长征、抗日战争和解放战争时期重要革命纪念地、纪念馆、纪念物及革命精神。辽宁红色文化遗产则指存留于辽宁的与中国共产党成立和发展新中国相关的具有历史文化价值的红色遗址遗迹、红色纪念馆、红色文物、红色精神、革命文艺以及红色故事等。

研究辽宁红色文化遗产资源时,可根据多种分类标准对其进行划分。本书在借鉴相关法律文件和文献基础上,将从存在形态、自然属性和文化形态三个方面作为分类标准,论述辽宁红色文化遗产资源,以便更好地理解和研究辽宁红色文化遗产资源的不同类型。

辽宁红色文化遗产按存在形态分为物质红色文化遗产和非物质红色文化遗产。物质红色文化遗产可进一步细分为可移动和不可移动两类。可移动红色文化遗产包括具有历史价值的红色文物,如器物、书稿等,多数收藏在辽宁档案馆和博物馆。不可移动红色文化遗产则包括红色作战遗迹、革命伟人故居等,数量众多,是辽宁红色旅游重要景点。

辽宁的非物质红色文化遗产则常常与民俗文化相结合,通常通过人物形象、声像档案和文化空间等载体进行保护和传承,其中包括红色制度、红色故事、红色精神等。如李兆麟、杨靖宇将军等在抗日战争中的事迹就是非物质红色文化遗产的一部分。

另外,根据红色文化遗产的自然属性,可以将其划分为旧址、学校、故居、陵园、战场和聚落六个类别,这适用于有形的红色文化遗产。在辽宁省内,这些类别中包括许多具有重要历史意义的地点,如中共满洲省委旧址、秀水河子烈士陵园、关向应故居等。

最后,根据红色文化遗产的文化形态,可以将辽宁的红色文化资源分为口头语言类、实物技艺类、文学艺术类、仪式习俗类和文化空间类五个大类别，这些不同形态的文化资源共同构成了辽宁丰富多样的红色文化遗产。

（2）辽宁红色文化遗产时间分布及特点

辽宁的红色文化资源历经四个主要阶段：中国共产党的诞生至大革命时期、土地革命时期、抗日战争时期和解放战争时期。

根据 2021 年 3 月《辽宁第一批革命文物名录》公布的数据，目前辽宁共有 650 处革命文物不能搬移，其中，辽宁还拥有大约 510 处红色文化遗址。在红色文化遗产的分布上，抗日战争时期的红色文化遗产最为丰富，其在红色文化遗产总数中的占比达到 43%，并且构成了辽宁红色文化产业发展的基础。其后是解放战争时期的资源，占红色文化遗产总数的 34%。土地革命时期的红色文化遗产资源占总数的 21%。而最早一期，即中国共产党成立至大革命时期的红色文化遗产数量较少，其在红色文化遗产总数中的占比仅为 2%。

（3）辽宁红色文化遗产空间分布及特点

本书以辽宁 14 个地级市为一级划分，挑选《辽宁第一批革命文物名录》记载的 510 处红色文化遗址进行研究。考虑到地理坐标，将辽宁五等分为西区、东区、南区、北区以及中心区，并对各遗址的地理分布特性进行详细评析，其结果揭示了辽宁的地理特征：西区覆盖了锦州、葫芦岛、阜新、朝阳和盘锦；东区主要包括丹东、抚顺和本溪；中心区包括沈阳、鞍山和辽阳；北区则以铁岭为主；南区则主要是大连和营口。

辽宁内的红色文化遗址主要集中在丹东、铁岭、抚顺和本溪等地，总计有 294 处。单就丹东市来看，其拥有的红色文化遗址最多，高达 108 处。总的来说，辽宁东部地区的遗址个数最多，反观南部地区则相对较少，整体红色文化遗址集中分布于一条带状区域。

在丹东、铁岭、本溪和抚顺，可以观察到大量的红色文化遗址，这些地方的红色文化遗址总量占辽宁红色文化遗址总量的 58%。相比之下，大连和阜新的红色遗址数量相对较少，其在辽宁红色文化遗址总数中的占比仅为 2% 和 8%。

根据对文献的整理分析，近年来，辽宁已经根据红色文化遗址的地理分布，构建了几个主要的红色旅游区域。

在空间布局上，辽宁的红色文化遗址资源展现出独有的特征。总体而言，以铁岭、丹东和本溪为主要枢纽，其分布形态呈现出一种条带状的辐射模式。红色文化遗址在不同地区的数量上表现出显著的差异。从辽宁内各地级市县的角度观察，由于交通主要依赖小型班车和公交车，外部交通连接不足，加之红色遗址常常构成同一革命事件的红色遗产群落，因此红色文化遗址的分布呈现出集聚和点状的特征。总结来看，辽宁的红色文化遗产资源在北部和东部较多，南部和西部较少，分布不均，宏观地理上呈线条带状分布，而在市县级别则表现为点状分布。

在 20 世纪 50 年代至 70 年代初，辽宁在中国共产党的引领下，积极推进社会主义文化建设。文化活动主要聚焦于工人文化，设立了诸如辽宁文化宫、沈阳市文化宫等工人文化宫和工人文艺团体。这些工人文艺团体通过举办各类文艺演出和群众文化活动，借助戏曲、舞蹈、音乐、书画等多种艺术形式，传播社会主义思想和价值观。

（4）辽宁六地红色文化

以时间序列为纲，辽宁的六地红色文化生动地揭示了抗日战争时期、解放战争时期以及中华人民共和国成立后，辽宁向全国所展示的红色精神。每一个红色文化传承地都是值得深度研究的历史课本，深入挖掘其中所蕴含的时代精神。通过对这些地方的红色文化的学习与理解，可以更好地认识和体会辽宁在重大历史事件中所展示的奋发向上、不屈不挠的精神。这些红色文化是浸润着辽宁人民智慧和勇气的重要象征，也是深切感受红色精神的重要窗口。

抗日战争的起源地——沈阳。1931 年 9 月 18 日，沈阳发生了震惊世界的"九一八"事变，由此揭开了中华民族抗日救亡运动的序幕。在中国共产党的坚定领导下，经过 14 年血与火的洗礼，中国人民最终夺得了抗日战争的胜利，捍卫了祖国的珍贵土地。而辽宁作为抗日战争的发源地，率先组织了人民群众武装力量抵御日寇。在"九一八"事变发生后，中国共产党迅速成立了东北抗日联军，为最终的抗日胜利作出了巨大贡献。尽管在武器装备上存在巨大差距，东北抗联凭借坚韧的意志和为国家而誓死的英雄气概，给予日寇严重的打击。这一过程中，涌现出杨靖宇、赵一曼、赵尚志等无数抗日英雄，形成了与抗战精神一脉相承的东北抗联精神，成为辽宁红色文化的重要组成部分。如今，九一八历史博物馆、抗日义勇军纪念馆等设施的建立，缅怀着为国家献身的先烈们。辽宁作为抗日战争的发源地，所作出的贡献和牺牲将永远被后代铭记。

解放战争的转折地——辽宁西部和沈阳。这场战役在解放战争中具有决定性意义。其爆发于辽宁，此前国共两党的总兵力对比对中国共产党极为不利，共产党军队内部信念也不坚定，整体处于被动防守状态。然而，辽沈战役的胜利解放了东北全境，大大提振了中国共产党军队的士气，成为解放战争胜利的转折点。这一胜利不仅证明了毛泽东治军方针的正确性，也为后来的淮海战役和平津战役的胜利奠定了基础。因此，作为辽沈战役的发起地，辽宁自然成为解放战争的转折地。在解放战争中，辽宁人民积极展示了使命与担当。他们不仅踊跃参军，支援前线，还积极投身生产，保障后勤。在塔山阻击战中，他们形成了"顾全大局、严守纪律、勇于牺牲、敢打必胜"的塔山精神，成为全国解放战争的榜样。辽宁人民在辽沈战役中英勇作战、坚韧不拔，展现了爱国精神，为辽宁六地红色文化贡献了重要一环。如今，辽沈战役纪念馆和解放战争纪念馆成为辽宁红色文化的重要载体，展示了"解放战争转折地"的意义，并供当代青年参观学习。

中华人民共和国国歌的素材地——本溪。《义勇军进行曲》作为中华人民共和国的国歌，于1935年由田汉作词、聂耳作曲。这首国歌取材于辽宁，以东北抗日义勇军为主要素材。当时田汉、聂耳深入辽宁，与东北义勇军密切交流，甚至亲临抗战前线，亲身感受义勇军的英勇战斗场面。在辽宁抗战前线，各种版本的义勇军军歌广为传唱，其中《告武装同志书》的誓词与中华人民共和国国歌的词句相似度很高。这些经历激发了爱国进步作家的灵感和热情，最终使《义勇军进行曲》得以成功创作。辽宁因此成为"中华人民共和国国歌素材地"。目前，辽宁本溪市桓仁县建有东北抗日义勇军纪念馆，这个纪念馆成为标志性展馆，让人们更好地领略中华人民共和国国歌创作过程中蕴含的爱国精神。

抗美援朝的出征地——丹东。中华人民共和国成立后不久，美国联合国军发动朝鲜战争，战火蔓延至辽宁丹东鸭绿江。为恢复国威、保卫家园，中华人民共和国毅然组建中国人民志愿军前往朝鲜与联合国军抗衡，最终通过签订《朝鲜停战协定》赢得了抗美援朝战争的胜利。辽宁和吉林两省是中国人民志愿军出征的地区，他们在鸭绿江起程，开辟了英勇无畏的胜利之路，因此辽宁被誉为"抗美援朝出征地"。作为大后方总基地，辽宁人民除了积极参军和生产，还承担了物资护送和伤员救助等重要后勤任务，为抗美援朝战争的最终胜利作出了不可磨灭的贡献。为了纪念这场战争，辽宁丹东市建立了抗美援朝纪念馆、河口断桥遗址和上河口车站遗址等红色文化基地，让后代铭记先辈为祖国和平作出的牺牲和奉献，重温伟大的抗美援朝精神。

共和国工业的奠基地——沈阳。中华人民共和国成立之初，各个领域都亟待发展，建设现代工业化体系成为国家的当务之急。辽宁作为最早解放的地区之一，拥有日本殖民统治留下的工厂和先进技术，因此，在全国范围内享有工业体系最先进的声誉。辽宁不仅为国家的工业恢复作出了巨大贡献，被赞誉为"共和国工业长子"，更被称为"共和国工业奠基地"。众多"第一"，如造纸机、拖拉机、歼击机、万吨巨轮等都是在辽宁生产的。辽宁人民为健全中华人民共和国的工业体系付出了巨大努力。中国工业博物馆在沈阳建立，展示了中华人民共和国成立以来国家工业发展的全过程。诸如鞍山的鞍钢、本溪的本钢集团等企业成为当年国家的功勋企业，为振兴东北、重振辽宁的昔日辉煌而不懈努力。

雷锋精神的发祥地——辽宁。雷锋精神以伟大的共产主义战士雷锋同志命名，体现了他所展现出的革命精神，是中国共产党人精神谱系中的重要组成部分。这一精神核心是"时刻帮助人们，雪中送炭"，意味着对人民的无私奉献。辽宁作为雷锋的第二故乡，他在那里付出了全部的青春热血。雷锋的服务人民、乐于助人、艰苦奋斗、甘于奉献等优秀品质最终形成了"雷锋精神"，其如同一面旗帜，向全体共产党人阐释了全心全意为人民服务的真义，成为一代又一代青年学习成长的典范。目前，曾经有雷锋足迹的抚顺、鞍山、营口、辽阳、铁岭等地相继建立了雷锋纪念馆，抚顺还设立了雷锋学院，这些都是重要的红色文化传承地。"雷锋精神"融合了中华五千年文化和红色革命文化，具有永恒的价值，将被一代又一代传承下去。

4. 辽宁红色文化传播价值

辽宁红色文化作为中国特色社会主义先进文化的重要组成部分，具有丰富的内涵和深远的价值。其承载着辽宁这片土地上中国共产党领导人民进行革命、建设和改革的历程，是历史的见证和灵感的源泉。辽宁红色文化传播的价值主要体现在以下几个方面。

（1）见证共产党发展的历史价值

辽宁作为中国共产党的重要发源地和革命斗争的主战场，留下了丰富的红色文化遗产。这些遗产以多种物质文化形式呈现，包括革命遗址、纪念馆和红色文物等，同时也涵盖了非物质文化元素，如历史事件和模范人物所留下的红色印记和红色精神。通过传播辽宁红色文化，可以深入了解和研究中国共产党的光辉历程，感受革命先辈的伟大奉献，进一步增强对党的历史使命和革命精神的认同。

辽宁作为中国共产党的发源地之一，在共产党早期发展阶段扮演了重要角色，成为党的重要根据地和革命斗争的主要战场。在这里，涌现出了众多杰出的革命先辈和英勇的人民群众，为中国共产党的成立和发展作出了巨大的贡献。

辽宁的红色文化遗产丰富多样，包括革命遗址、纪念馆和红色文物等物质文化形式。这些遗产不仅是历史的见证，更是革命先辈们英勇斗争和无私奉献的具体体现。通过传播辽宁红色文化，可以深入了解和研究中国共产党的光辉历程，感受革命先辈的伟大奉献，进一步增强对党的历史使命和革命精神的认同。

辽宁红色文化的传播有助于激发人们对革命历史的兴趣和热爱，促进社会主义核心价值观的传承和弘扬。通过深入了解辽宁红色文化，人们可以更加清晰地认识到中国共产党的伟大历程和丰功伟绩，进一步坚定对党的信仰和忠诚。同时，辽宁红色文化的传播也有助于培养和弘扬革命精神，激励人们勇于担当、追求进步，为实现中华民族伟大复兴的中国梦而努力奋斗。

总之，通过深入挖掘和传承辽宁红色文化，可以更好地理解和传承中国共产党的光辉历程，感受革命先辈的伟大奉献，进一步增强对党的历史使命和革命精神的认同，为实现中华民族伟大复兴的中国梦贡献力量。

（2）激励精神的力量价值

辽宁红色文化凝聚着坚定的信念、追求真理和崇尚正义的红色精神。通过传承和弘扬这种精神，可以激励人们坚定自己的理想信念，勇于承担责任，并积极向前迈进。

辽宁红色文化中涌现出许多英雄人物和先进事迹，如杨靖宇、雷锋等，他们成为榜样和楷模，激励着人们追求真善美、追求卓越。他们的无私奉献和为人民服务的精神，激发了人们对社会主义现代化伟大目标的追求，并为实现这一目标贡献自己的力量。

辽宁红色文化的传播不仅是对历史的回顾和纪念，更是对当代人们的激励和引导。通过宣传和弘扬辽宁红色文化，可以唤起人们对革命精神的思考和认同，激发他们对社会主义事业的热情和责任感。同时，辽宁红色文化的传播也有助于加强社会凝聚力和向心力，促进社会的和谐与进步。

总之，辽宁红色文化能够激励人们坚定信念，勇于担当，并为实现社会主义现代化伟大目标贡献力量。通过宣传和弘扬辽宁红色文化，可以唤起人们对革命精神的思考和认同，推动社会的发展和进步。

（3）教育和启迪价值

辽宁红色文化是一部生动的历史教科书，通过对红色文化遗址和红色精神的学习与理解，深化了人们对历史事件和革命历程的认识，提升了他们的历史文化素养。辽宁红色文化承载着丰富的智慧和思想，通过传播这些智慧和思想，启迪了人们的思维，拓宽了他们的视野，提高了他们的综合素质。

辽宁红色文化通过对红色文化遗址的研究和解读，帮助人们更深入地了解历史事件和革命历程。这些遗址包含着丰富的历史信息，如革命战斗的场景和英雄人物的事迹等。通过参观这些遗址，人们能够亲身感受到历史的厚重和激情，进一步加深对历史事件的认识和理解。同时，通过学习红色精神，人们能够了解到革命先烈们的奋斗精神、牺牲精神和为人民利益不懈奋斗的信念，从而在心灵上受到教育和启迪。

辽宁红色文化蕴含着丰富的智慧和思想，源自革命先烈们的实践经验和理论思考，具有深刻的内涵和普世价值。通过传播这些智慧和思想，可以启迪人们的思维，激发他们的创造力和创新精神。这些智慧和思想涉及社会主义建设、人民解放、民族团结等方面，对当代社会的发展和进步具有重要的借鉴意义。同时，通过学习和传播红色文化，人们的视野也会得到拓宽，对不同文化、不同思想的包容性和理解力也会得到提升。

综上所述，辽宁红色文化的传播不仅加深了人们对历史事件和革命历程的认识，提高了他们的历史文化素养，还启迪了人们的思维，拓宽了他们的视野，提高了他们的综合素质。其既是一本生动的历史教科书，也是一本智慧的启示录，对于教育和启迪人们具有重要的价值。

（4）增强社会凝聚力和文化自信的价值

辽宁红色文化作为辽宁人民的精神财富和文化基因，承载着辽宁人民的历史记忆、英勇奋斗和伟大牺牲的精神。通过传播这种文化，可以增强辽宁人民对自身文化的自信心，提升他们对辽宁特色和历史传统的认同感。

一方面，辽宁红色文化的传播能够促进社会和谐稳定。红色文化所蕴含的革命精神、奋斗精神和团结精神，能够激发人们的爱国情怀和社会责任感，增强社会成员之间的凝聚力和互信度。这种凝聚力和互信度是社会和谐稳定的重要基石，有助于构建一个团结、和谐、稳定的辽宁社会。

另一方面，辽宁红色文化的传播也能够推动辽宁的经济社会发展。红色文化所蕴含的奋斗精神、创新精神和拼搏精神，能够激发人们的积极性和创造力，推动辽宁的经济发展和社会进步。红色文化的传承和弘扬，能够为辽宁的文化产业、旅游业等相关产业提供新的发展动力，推动辽宁实现经济转型和可持续发展。

总之，通过传播红色文化，可以增强辽宁人民的文化自信心，提升社会凝聚力和文化认同感，促进社会和谐稳定，推动辽宁的经济社会发展。这一过程将有助于塑造一个有活力、有凝聚力、有文化自信的辽宁社会。

三、冰雪体育文化

1. 冰雪体育文化发展现状

辽宁作为中国东北地区的重要省份，近年来在冰雪文化的发展上取得了显著的成就。得益于其得天独厚的地理位置、优越的气候条件、完备的冰雪基础设施以及雄厚的师资培训力量，辽宁的冰雪文化发展呈现出了旺盛的生命力。

（1）冰雪文化活动丰富多样

辽宁，位于中国东北地区，冬季寒冷而漫长，自然形成了丰富的冰雪文化。这一地区的冰雪文化活动形式多样，从传统的滑雪和冰雕，到现代的冰雪体育比赛和冰雪主题公园，无不体现出辽宁冰雪文化的深厚底蕴和独特魅力。

辽宁的滑雪活动是其冰雪文化的重要组成部分。例如，沈阳的怪坡滑雪场和棋盘山滑雪场，以及大连的猎户滑雪场，都是冰雪爱好者的理想去处。这些滑雪场地具有优良的设施和良好的服务，能够满足各类人群的滑雪需求，无论是初学者还是专业运动员，都能在这里找到适合自己的滑雪体验。

辽宁的冰雕和冰灯活动也是其冰雪文化的一大亮点。每年冬季，各地都会举行盛大的冰雕和冰灯展览，如沈阳的冰雪大世界、大连的冰雪艺术节等，这些活动将冰雪艺术与传统文化相结合，展现出辽宁冰雪文化的独特魅力。

辽宁的冰雪主题公园也是冰雪文化的重要表现形式。例如，沈阳的冰雪乐园、大连的冰雪世界等，通过创新的冰雪项目和互动体验，为游客提供了丰富多样的冰雪文化体验。

辽宁还举办了各种冰雪文化节庆活动，如大孤山冰雪嘉年华等。这些活动不仅展示了辽宁冰雪文化的魅力，也吸引了大量的游客和冰雪爱好者，进一步推动了辽宁冰雪文化的发展和传播。

（2）冰雪文化产业发展迅速

在辽宁，冰雪运动的兴起和冰雪文化的广泛传播，已经催生了新的经济活力。冰雪产业，包括冰雪装备制造、冰雪体育赛事等，已经成为辽宁的一大经济增长点，形成了一个完整且日益成熟的产业链条。

冰雪装备制造业也在辽宁得到了长足的发展。以沈阳市为例，这里的冰雪装备制造业已经形成了一条完整的产业链，包括设计、生产、销售等环节，为国内外的冰雪运动员提供了高质量的装备。

据统计，辽宁的冰雪产业已经吸引了大量的投资，为辽宁创造了大量的就业机会，从而为辽宁的经济社会发展做出了重要贡献。这些就业机会不仅包括直接的冰雪运动员、教练员等职位，还包括间接的旅游服务、装备制造、赛事组织等职位。

（3）冰雪文化教育工作取得显著成效

辽宁以其独特的地理环境和冬季气候条件，逐渐发展起了一种独特的冰雪文化。为了进一步推动这种文化的发展，辽宁省人民政府近年来大力推动冰雪运动进校园，通过举办一系列的活动，不仅提高了学生们对冰雪文化的认识和理解，同时也为辽宁的冰雪文化发展提供了强大的人才支撑。

辽宁省人民政府通过举办冰雪运动比赛，让学生们有机会亲身参与到冰雪运动中来。例如，每年的冬季，各级学校都会组织学生参加滑雪、滑冰等冰雪运动比赛。这些比赛不仅让学生们体验到冰雪运动的乐趣，也让他们对冰雪文化有了更深入的理解。再如，沈阳市第二中学就曾举办过一次冰雪运动比赛，参赛的学生们在比赛中充分展示了他们的冰雪运动技能，也提升了他们对冰雪文化的认识。

辽宁还通过举办冰雪知识讲座，让学生们了解冰雪运动的历史、规则和技巧。这些讲座通常由专业的教练或者冰雪运动员来讲解，让学生们能够从专业的角度去了解冰雪运动。例如，大连市的西岗小学曾邀请了一位专业的滑雪教练来给学生们讲解滑雪的技巧，让学生们对滑雪有了更深入的了解。

辽宁还依托于沈阳体育学院和沈阳滑冰协会等机构，培养了一大批冰雪运动人才。这些机构有着专业的教练团队和完善的训练设施，能够为冰雪运动人才的培养提供良好的条件。例如，沈阳体育学院的冰雪运动专业每年都会招收一批对冰雪运动有热情的学生，经过专业的训练，他们成为一批批的冰雪运动人才，为辽宁的冰雪文化发展提供了强大的人才支撑。

2. 辽宁冰雪文化传播价值

辽宁作为中国北方的重要地区，拥有丰富的冰雪资源和悠久的冰雪文化传统。这种冰雪文化的传播价值在多个方面得到体现。

（1）增强民族认同感

辽宁的冰雪文化传播在弘扬民族文化和增强民族认同感方面发挥着重要作用。冰雪文化作为中国传统文化的重要组成部分，通过展示辽宁丰富多样的冰雪活动、传统冰雪技艺和冰雪节庆等，能够激发人们对于民族文化的兴趣和热爱。

冰雪文化传播有助于传承和保护中国传统文化。辽宁作为一个拥有悠久历史的地区，有着丰富的冰雪传统。例如，辽宁的冰灯艺术、冰雕技艺等独具特色，代表了中国传统工艺和民间艺术的精髓。通过将这些传统技艺传承下去，并通过展览、比赛、演出等形式进行广泛传播，可以确保这些宝贵的文化遗产得以传承和发展。

冰雪文化作为中国独特的文化符号，承载着丰富的民族情感和价值观。当人们参与冰雪活动、欣赏冰雪艺术时，会深刻感受到自己与中国传统文化的紧密联系，从而增强对民族身份的认同感。这种认同感有助于培养人们的爱国情怀和民族自豪感，促进民族团结和社会和谐。举例来说，辽宁举办的中国沈阳国际冰雪节就是一个成功的冰雪文化传播活动。每年冬季，沈阳市会举办盛大的冰雪节庆活动，包括冰雪雕塑展览、冰灯表演、冰上运动比赛等。这些活动吸引了来自全国乃至全球的游客，让他们亲身体验辽宁独特的冰雪文化，同时也为辽宁带来了经济和社会效益。通过这样的活动，辽宁成功地将本地的冰雪文化推向了全国乃至国际舞台，塑造了辽宁的品牌形象，同时也加强了人们对中国传统文化的认同和热爱。

（2）推动旅游业发展

辽宁作为一个拥有丰富冰雪资源的地区，冰雪文化的传播对于该地旅游业的发展具有重要意义。辽宁的冰雪资源包括丰富的冰雪景观、冰雪运动场地以及适宜冰雪活动的气候条件，使其成为冰雪旅游的热门目的地。

通过积极推广辽宁的冰雪文化，可以吸引更多的游客前来体验冰雪活动和欣赏冰雪景观。例如，辽宁的滑雪场、冰灯节、冰雕展览等活动吸引了大量的游客。这些活动不仅满足了人们对冰雪活动的需求，还为游客提供了独特的观赏体验，丰富了旅游产品的多样性。

冰雪文化的推广传播还能够带动相关产业的兴起。在冰雪旅游的发展过程中，涉及冰雪运动器材制造、冰雪旅游服务等产业的发展。例如，滑雪设备、冰雕工具等相关产品的需求增加，促进了相关产业的发展，为地方经济增加了新的增长点。同时，冰雪旅游的兴起也带动了酒店、餐饮、交通等服务业的发展，为当地创造了更多的就业机会。

（3）推动体育事业发展

冰雪运动作为一项重要的体育项目，在辽宁得到了广泛的推广和发展。通过冰雪文化的传播，可以激发人们对冰雪运动的兴趣和热爱，进而吸引更多的人参与其中。这不仅有助于培养更多的冰雪运动人才，提升辽宁在冰雪运动领域的竞技水平，还能够为冰雪运动的普及和发展打下坚实的基础。

随着冰雪运动的普及和受众的增加，相关的体育产业也得到了推动和发展，例如，冰雪运动设施的建设和维护、冰雪装备的生产和销售、冰雪旅游的发展等，这些都为体育产业的多元化发展提供了机遇。这不仅能够创造就业机会，促进经济增长，还能够带动相关产业链的形成，提高辽宁体育产业的整体竞争力。

冰雪文化传播还能够为体育事业的可持续发展提供支持。通过推广冰雪文化，可以培养人们对体育的兴趣和热爱，促进体育活动的长期参与。这有助于形成良好的体育习惯和生活方式，提高人们的身体素质和健康水平。同时，冰雪文化传播还能够激发人们对体育精神的追求，如团队合作、拼搏精神、坚持不懈等，进而推动整个体育事业的可持续发展。

四、影视文化

1. 辽宁影视文化发展现状

辽宁电视文艺节目的独特魅力使其频频摘得荣誉，辽宁籍影视名人的星光照耀全国，大连的电视剧作品影响深远，凸显了辽宁影视剧的广泛影响力。

辽宁的影视文化在淳厚、粗犷、厚实等特征的烘托下，吸引了全国公众的目光。尽管如此，业界也对其提出了批评，认为浓厚的民间气息过于凸显，而精细雅致的深度却稍显不足。因此，影视行业的创作者和研究者，有必要客观地审视辽宁影视文化在过去的发展中取得的成绩，同时直面现在的困境，并寻找继续推动辽宁影视文化繁荣发展的策略和路径，旨在实现其从影视文化资源丰富的省份向影视文化发达的省份转变。

首先，在创作方面，辽宁影视文化取得了斐然成绩，留下了精品作品。辽宁电影厂虽然相对于其他老牌电影制片厂起步较晚，但辽宁电影人克服了重重困难，拍摄了大量优秀的故事片、美术片、科教片和电视剧。其中，《月牙儿》《春桃》《支撑》等作品获得了国内外的奖项。辽宁影星也频频斩获金鸡奖、金马奖、中国电影华表奖和百花奖等荣誉。辽宁的电视栏目创作也频频领先，如《三原色》《老梁说天下》《小品大观》等栏目多次获得奖项，展示了辽宁电视人的努力和创新精神。此外，辽宁的电视艺术片也备受好评，如《有轨电车奏鸣曲》《图瓦老人》等作品屡获国内外奖项。

其次，在连续剧方面，辽宁电视剧制作中心成绩斐然。该中心连续生产了300多部电视剧，并获得了170多项国内外优秀电视剧奖项。其中，《最后一班车》《雪野》《大年初一》等作品获得了飞天奖、乌金奖、澳大利亚国际电视培特奖等重要奖项。大连在电视剧创作方面也取得了独特的成就，如《篱笆·女人和狗》《辘轳·女人和井》《古船·女人和网》等作品获得了金鹰奖、飞天奖、"五个一工程"奖等奖项。

辽宁影视文化的发展离不开对改革历程的展现和对平凡人生的直面。辽宁影视作品展示了辽宁老工业基地在改革开放中的艰难与牺牲，展现了农村生活和心灵的新变化，反映了小人物的善良与淳朴、狡黠与自私、豁达与自嘲，折射出时代的变迁和社会的进步。辽宁影视文化作品中的地域风情也得到了充分展现，辽宁的淳朴气息贯穿其中，作品洋溢着纯朴淳厚、诙谐乐观的情怀，符合观众的文化心理需求。

辽宁影视文化的发展还归功于优秀的创作团队和明星效应。辽宁拥有一支超一流的创作团队，他们在编剧、表演、导演、制作等方面具备高水平的能力，以其优秀的作品获得了业内的认可。

总的来说，辽宁影视文化在改革开放 40 多年来取得了显著的成绩。其展示了改革历程和平凡人生，深入挖掘地域风情，凭借优秀的创作团队和明星效应赢得了观众的喜爱。然而，辽宁影视文化也面临着俗有余雅不足的问题，需要继续努力提高创作水平，加快向影视文化强省的转变。

2. 辽宁影视文化传播价值

（1）题材反映时代脉搏

辽宁的电视剧始终以饱满的热情和敏锐的艺术感受力来体现题材的当代性，将镜头对准现实生活，力求反映处于大变革时代的人生百态和社会风貌。辽宁努力突出新鲜的时代感，通过广阔的生活视野展示出具有本质意义的时代走向和精神追求。辽宁的影视文化作品不仅给人们带来思想的启迪和精神的陶冶，也给人们带来审美的愉悦。因此，辽宁影视文化具有广泛的传播价值。

（2）视角彰显地域特色

辽宁的电视剧创作始终以东北广阔的生活土壤为基础，并将选材视角展开到社会生活发生重大变化的历史时期。在强烈的使命感和责任感的驱使下，不论是从现实生活中挖掘重要的题材，还是解读有生命力的历史命题，都能自觉地从地域特色出发。通过展示关东黑土地浓郁的民俗风情，辽宁影视作品呈现出鲜明的地域特色，给观众带来了具有历史内涵、文化内涵和审美内涵的艺术享受。

（3）题材诠释多元发展

辽宁影视文化的传播价值在题材和样式上呈现出了多元化的风格。在辽宁电视剧创作中，作品呈现了丰富多彩的面貌。部分作品以现实主义创作手法为基础，深刻反映了当代生活的思想，风格凝重，激励人心。同时，也有史诗般的历史巨片展现着历史的沧桑感；还有以轻松、诙谐的方式反映普通百姓生活的电视剧。电视剧艺术作为大众化艺术形式，需要展现多元化的风格，而辽宁在这方面的实践，不仅拓宽了电视剧艺术风格的领域，更在审美上进行了多样化的探索。这种多元化的风格追求和审美探索，丰富了辽宁影视文化的传播价值。

五、工业文化

1. 辽宁工业文化发展现状

工业文化，作为工业进步的思想源泉和精神动力，对于推动我国工业由大变强具有基础性、长期性、关键性的影响。在辽宁这片有着"共和国长子"美誉的土地上，工业文化不仅是地域经济发展的推动力，更是地方文化软实力的重要内容。

辽宁以其强大的重工业基地而闻名，拥有丰富的工业资源和悠久的工业历史。这些资源涵盖了机械、冶金、食品、纺织、化学、金属制品、电子等多个工业部门。在辽宁地区的沈阳、大连、鞍山、抚顺、锦州、本溪、阜新、辽阳、盘锦、丹东和营口等城市，这些工业资源得以充分展现。

辽宁地区在煤炭、冶金、有色金属、油气、非金属和化工等行业方面拥有丰富的资源。辽宁的煤炭资源丰富，是中国煤炭工业的重要支柱之一。同时，辽宁也是中国冶金工业的重要基地，拥有许多著名的钢铁企业，如鞍钢和本钢等。此外，辽宁还在有色金属领域发展迅速，如抚顺矿业集团在金属矿产资源开发和加工方面取得了显著成就。随着辽宁地区的经济发展和工业结构调整，油气工业也日益重要，该地区发现的油气田具有较大的储量和潜力。另外，辽宁在非金属和化工领域也有显著的发展，如辽宁宏大集团在化工领域的成果和辽宁国光电子集团在电子行业的突破等。这些资源和产业的存在为辽宁的工业文化发展提供了丰富的素材和广阔的空间。辽宁地区的工业经验和故事构成了丰富的工业文化资源。许多老工业基地拥有悠久的历史和丰富的工业故事，如抚顺的煤矿历史和鞍山的钢铁故事。这些故事见证了辽宁工业经历的曲折和进步，是辽宁工业文化的重要组成部分。这些工业产业集群和企业在技术创新、产品研发和市场拓展等方面取得了卓越的成就，为工业文化的创新奠定了基础。

在"十四五"规划后，辽宁积极推动工业文化的深入发展，工业文化成为推动地域经济和社会进步、塑造城市特色的重要战略。这一战略的实施，使得辽宁工业文化在社会中建立起更广泛的共识，并形成新的经济竞争优势。

　　一方面，辽宁通过传播工业文化形象、打造工业文化品牌，为地域经济发展注入新动力。如抚顺的煤矿文化和沈阳的机械文化。这些地域特色和品牌带来了工业文化的独特魅力和影响力，使辽宁的工业文化成为区别于其他地区的重要文化特征。工业文化是城市经济发展的重要推动者，传播工业文化形象，可以鼓励社会公众认识和理解工业，从而激励社会公众对工业产业的热爱和支持。打造工业文化品牌，不仅可以吸引更多的投资和人才，也可以提升城市的形象和知名度，从而创造更大的社会价值和经济效益。另一方面，辽宁在凝聚、提炼和整合工业文化资源上下大力气。许多城市以其悠久的工业历史和丰富的工业资源为基础，挖掘自身的工业文化，通过提炼和整合资源，逐步演变成有吸引力的工业文化品牌。这种品牌不仅能够表达出城市独特的工业魅力，还可以为城市带来显著的经济效应，帮助城市实现工业化和城市化的有机结合。同时，辽宁还通过培育和树立地方工业文化来增强地方品牌。这不仅反映了区域内的工业历史和职业精神，也彰显了地方的工业特色和优势。具有地方特色的工业文化品牌，可以在行业内和社会上得到广泛的认可，从而提升品牌的影响力和竞争力。

　　辽宁工业文化的发展，不仅对地区经济产生积极的影响，更重要的是在全民工业文化素养的提升、地方特色工业精神的传承和培育方面取得了显著成果。在经济转型过程中，辽宁通过多种途径，例如，开发工业旅游项目，寻求符合本地实际的新发展路径，为工业文化的复兴和壮大谋求新的突破点。首先，在提升全民工业文化素养方面，辽宁工业文化的发展功不可没。通过在学校普及工业教育、普及工业科普知识等方式，辽宁不断提高公众对工业文化的认识和了解。此外，利用博物馆、展览、论坛等平台，加强对工业历史、技术成就及现代工业形态的传播，使广大民众深入了解工业发展过程中所积累的文化内涵和价值体现，从而提高全民工业文化素养。其次，地方特色工业精神的传承和培育是辽宁工业文化的重要任务。通过挖掘工业历史的故事、宣传企业精神、弘扬劳动美德等方式，辽宁在强化地方特色工业精神的同时，也激发了人们奋发向前的精神。尤其在当前经济转型的背景下，地方特色工业精神的传承和培育对于辽宁保持发展活力和实现产业升级具有重要的意义。最后，辽宁通过发展工业旅游等产业策略，为工业文化的发展提供了新的空间。工业旅游本身也是弘扬和传播工业文化的重要手段之一。例如，沈阳的中国工业博览园、鞍山的钢铁博物馆等项目，将工业遗址、历史文物与现代旅游业融合，塑造出独具辽宁特色的工业文化体验产品。这种方式既可以让公众近距离感受工业文化的魅力，了解工业发展历程，也可以带动地方旅游业的发展，为经济转型提供有力支撑。

2. 辽宁工业文化传播价值

（1）推动地方经济的发展

工业文化，作为一种独特的社会文化现象，已经成为推动地方经济发展的重要力量。其不仅是地方经济发展的推动力，更是地方文化软实力的重要内容。工业文化的发展和传播，为地方经济的发展提供了强大的动力和广阔的空间。

首先，工业文化的传播和推广可以有效打造工业文化品牌。这种品牌化的推动，不仅可以提升地方工业的知名度和影响力，更可以带动相关产业链的发展，如旅游、文化创意等，从而推动地域经济的发展。例如，辽宁通过传播工业文化形象，打造工业文化品牌，推动地域经济发展，形成新的经济竞争优势。

其次，工业文化的发展可以带动地方经济的转型升级。随着经济的发展和社会的进步，传统的工业经济已经无法满足现代社会的需求，需要进行转型升级。而工业文化的发展，可以为地方经济的转型升级提供柔性支撑，为地方经济的发展开辟新的道路。例如，辽宁正在通过开发工业旅游等方式，探索适合本地实际的新型发展路径，为工业文化的发展开辟新的道路。

最后，工业文化的发展可以提升地方的整体竞争力。工业文化的发展，不仅可以提升地方工业的硬实力，更可以提升地方的软实力，如文化影响力、品牌影响力等，从而提升地方的整体竞争力。

（2）传承和培育辽宁特色工匠精神

地方特色工匠精神的传承和培育，是一项关乎地方文化延续、经济发展和社会进步的重要任务。辽宁，作为中国的重工业基地，其地方特色工业精神的核心是"创新、坚韧、务实"，这种精神是辽宁工业发展历程中的重要驱动力。

首先，创新是辽宁工匠精神的重要体现。从早期的手工业到现代的高科技产业，辽宁的工业发展历程就是一个不断创新、不断突破的过程。例如，沈阳机床集团，一家有着 80 多年历史的企业，就是通过不断的技术创新，从传统的机械制造向智能制造转型，成为全球最大的数控机床制造商之一。这种创新精神，是辽宁工业发展的重要驱动力，也是辽宁工业精神的重要体现。

其次，坚韧是辽宁工匠精神的另一重要特质。辽宁的工业发展历程充满了艰辛和挑战，但是辽宁人民始终坚韧不拔，无论是在经济困难时期，还是在市场竞争激烈时期，都能坚持下去，不断追求工业发展的目标。例如，在全球金融危机时期，辽宁的许多工业企业都面临了巨大的压力，但是他们并没有放弃，而是通过改革创新，调整产业结构，最终成功地度过了危机。这种坚韧精神，是辽宁工业发展的重要支撑，也是辽宁工业精神的重要体现。

最后，务实是辽宁工业精神的又一重要特质。辽宁人民在工业发展中始终保持务实的态度，不求虚名，只求实效。例如，大连港，作为中国东北地区的重要港口，其在发展过程中始终坚持务实的原则，不断提高服务质量，优化运营效率，从而成为全球最大的多功能港口之一。这种务实精神，是辽宁工业发展的重要保障，也是辽宁工业精神的重要体现。

（3）提升全民工业文化素养

提升全民工业文化素养对于一个国家或地区的科技进步和经济发展具有重要的推动作用。工业文化，作为工业发展的精神和文化体现，不仅反映了工业技术的历史脉络和发展趋势，更是科技创新和经济发展的重要驱动力。在这个过程中，全民的工业文化素养的提升，无疑是推动科技进步和经济发展的重要一环。

首先，全民工业文化素养的提升有助于提升全民的科技素质。工业文化是科技发展的重要载体，其包含了科技知识、科技思维、科技观念等多个方面。通过提升全民的工业文化素养，可以帮助公众更好地理解和接受科技知识，培养科技思维，形成科技观念，从而提升全民的科技素质。以辽宁为例，作为中国的重工业基地，辽宁在提升全民工业文化素养方面做了许多工作。例如，通过开展工业文化节、工业旅游、工业博物馆等活动，使公众有机会亲身体验和感受工业的魅力，了解工业的历史和现状，提升对工业的认知和理解。通过互动性和体验性的方式，使得公众对工业文化有更深入的理解和认同，从而提升了全民的工业文化素养。

其次，全民工业文化素养的提升有助于推动科技进步。科技进步需要全社会的参与和支持，而全民工业文化素养的提升，无疑可以为科技进步提供广泛的社会基础。具有高度工业文化素养的公众，更能理解和接受新的科技成果，更愿意支持和参与科技创新活动，从而推动科技进步。

最后，全民工业文化素养的提升有助于实现经济的高质量发展。经济的高质量发展，需要科技创新的支持，而科技创新的实现，离不开全民的支持和参与。提升全民的工业文化素养，可以帮助公众理解和接受新的科技成果，推动科技创新的实现，从而推动经济的高质量发展。

第三节　辽宁文化的传播路径

在国际传播的理论框架中，可以从两个角度理解其含义。狭义的国际传播指跨越国界的信息交流，而广义的国际传播则将其扩展为包括个人、群体和国家等各种主体在内的跨越国界的信息交流。根据传播学的分类，国际传播可进一步划分为人际传播、组织传播和大众传播。人际传播涉及两个或多个体之间的信息交流，其特点是互动性和参与性，依赖直接或间接的交流活动。组织传播则是由特定组织机构有目的、有计划地进行的宣传和文化交流活动，常常由地方政府机构主导。大众传播则是职业传播机构利用印刷媒介、电子媒介向公众传递信息的过程，其受众范围广泛且不确定。随着网络通信技术的飞速发展，人际传播、组织传播和大众传播开始相互融合。

在文化国际传播的实践中，应充分利用这三种传播方式的优势，提高对外文化交流的水平，创新传播方式，多元化地展示辽宁的文化魅力，使辽宁的优秀传统文化得以传承与发展。

对于地域文化的跨文化传播，传播路径是指与地域文化传播相关的方式或渠道，即所有能够打破文化空间隔阂，有助于地域文化建构与传播的存在。在共建"一带一路"倡议的推动下，跨文化传播路径已经超越了人际传播和传统媒体的范畴。新兴的传播技术服务于共建"一带一路"倡议的文化发展策略，为辽宁文化的传播开辟了新的领域，增加了辽宁文化的传播路径。通过对数据和资料的整理，可以清晰地看到当前辽宁文化传播路径的使用情况和传播模式。

一、媒体传播路径发展现状

1. 传统媒体稳定发展

广播、报纸和电视等传统媒体在辽宁的发展已经相当成熟，具有广泛的覆盖率和影响力。这些媒体的内容丰富多样，既有新闻报道，又有娱乐节目，满足了不同听众的需求。然而，传统媒体的传播路径受到区域限制，信息容量有限，互动性差，传播能力较低。

2. 新媒体的蓬勃发展

随着互联网的崛起，辽宁文化传播正逐步转向新媒体，并显示出融合趋势。目前，辽宁拥有辽宁博物馆、辽宁文化馆、沈阳博物院等文化机构；电视广播媒体如辽宁电视台、辽宁电台；以及《辽宁日报》《辽沈晚报》等纸质媒体。此外，还有辽宁省人民政府、辽宁文化和旅游厅、东北新闻网等政府网站或政府主办的新闻网站。同时，一些辽宁的文化单位在微博等平台上开设了官方账号，还开设了微信公众号，如辽宁文化艺术研究院、辽宁文化遗产保护中心、辽宁文化馆等。

在辽宁省人民政府网站上，"走进辽宁"专栏涵盖了自然、行政区划、经济发展概况、民族、景区等文化专题。与"文化"相关的检索结果有8000余条，覆盖文化政策和文化建设内容。关于"辽宁文化"的检索结果多于100条，但以"文化传播"为关键词的结果寥寥无几。东北新闻网的辽宁文艺频道展示了辽宁文化作品，包括歌曲、著作、绘画、话剧等，同时推出文化讲座、文化信息发布、政策解读等惠民板块。辽宁文化艺术研究院的微信公众号内容丰富，包括文化地图、专题讲座、教育资源等，并提供活动预约、共享直播和视频点播功能。2019年，该院开设了"抖音"短视频账号，但发布的内容与辽宁文化关联度较低，画质偏低，缺少吸引力，传播效果有限，粉丝仅有1000余人。

自2021年起，辽宁文化和旅游厅开始尝试运用新媒体传播辽宁文化，但传播效果尚未达到预期。尽管开通了微博、微信官方账号，但使用程度有限，发布内容以政策信息为主，缺乏针对辽宁文化的传播策略。此外，平台关注者数量不足，导致传播效果受限。

3. 文化创作活跃

辽宁在电影、电视剧、广播剧、戏剧、歌曲和舞蹈等领域都有不少优秀的作品获得了认可和荣誉。这反映了辽宁文化传播领域的活跃与成就。同时，这也体现了辽宁在文化创作和传播方面的努力和成果，为当地文化发展作出了重要贡献。

4. 财政投入不足

辽宁在文化事业的财政投入相对较少，其投入比重在全国排名较低。这可能会影响辽宁文化的传播和发展。

二、文化活动传播路径发展现状

辽宁的文化传播活动主要包括三个方面：一是针对辽宁留学生的文化活动；二是通过海外孔子学院开展的文化活动；三是从经济、教育等多个层面进行的中外人文交流活动。

1. 对留学生开展的文化传播活动呈系列化趋势

辽宁在对留学生的文化传播活动方面，已经取得长足进步。这是一种积极的变化，旨在通过精心策划系列的活动，使留学生深入了解辽宁的丰富历史、深厚文化以及独特的自然风光。

2019年，辽宁以一系列活动的形式，让留学生亲身体验了辽宁在改革开放40年中取得的成就。首先，省政府组织了一场辽宁改革开放40周年成就展，通过参观让留学生直观地了解到辽宁在改革开放 40 年取得的巨大成就。接着，省政府又举办了中外留学生艺术展、"友好辽宁"摄影大赛和"我与辽宁"征文大赛，这些活动不仅提升了留学生的艺术素养，也让他们更深入地了解了辽宁的文化和风土人情。此外，省政府还持续举办了留学生演讲比赛，这是一种有效的方式，让留学生通过自己的语言，表达对辽宁文化的理解和感受。

辽宁各高校也在积极响应这一趋势，他们通过各种形式，让留学生更好地感知辽宁文化。例如，2019 年，大连外国语大学承办了主题为"感知中国—科技滨城"的社会实践活动，让留学生亲身体验了大连这座科技滨城的魅力。辽宁师范大学则组织留学生参观了大连博物馆，让他们近距离接触到大连的历史文化。而沈阳师范大学的留学生，则是通过赴抚顺三块石国家森林公园进行文化考察，更深入地了解了辽宁的地域文化。

这些针对留学生的文化传播活动，无疑是一种有效的方式，让留学生深入了解辽宁的文化和历史，感受辽宁的自然风光以及经济建设和改革发展的成就。这些活动的最终目标，是希望通过留学生，将辽宁的文化传播到世界各地。毕业后，这些留学生将会带着他们在辽宁的知识和体验回到自己的国家，成为辽宁文化的传播者，起到传播辽宁文化的效果。

2. 海外孔子学院文化活动深化辽宁文化理解

截至 2019 年底，辽宁已与全球逾 1000 家大学、教育机构和民间团体建立友好关系，包括约 100 家高校。此外，还在海外成立了 30 所孔子学院，为文化交流架起桥梁，助力辽宁文化的国际传播。

近年来，辽宁以"魅力汉语、美丽辽宁"为主题，组织了一系列全球范围的演讲比赛。这些比赛在多所海外孔子学院举办，如韩国仁川大学、俄罗斯新西伯利亚国立技术大学、韩国东亚大学以及日本冈山商科大学等。比赛面向汉语学习者，涉及辽宁食品、历史、民族、名胜等多方面主题。获奖选手有机会亲历辽宁，包括游览博物馆、参观企业生产线及自然景区和文化古迹等。其目的是让选手全方位感受辽宁文化，深入了解其现代化进程。通过这些孔子学院举办的活动，辽宁文化得以在全球范围内得到宣传和推广。

以 2016 年在俄罗斯举办的"非物质文化遗产走进俄罗斯"活动为例，辽宁非物质文化遗产及特色民族文化得到展示，如李氏糖人艺术、李氏掐褶纸艺术、清朝宫廷文化、满族习俗等，吸引近千名俄罗斯观众参与，传播了辽宁特色文化。

近年来，积极开展夏令营活动并派遣优秀汉语教师赴辽宁研修。通过这些比赛、研修项目，一方面，让全球汉语教师和学习者直接感受辽宁文化，传播所见所得；另一方面，有助于提高他们对辽宁文化的认同，拓展汉语教学内容，吸引更多留学生并培育国际友人，深入了解辽宁和成为辽宁的朋友。

3. 中外人文交流文化活动彰显辽宁形象

2020 年 1 月，沈阳成功承办了"对话辽宁"的国际城市交流论坛。该论坛作为"对话辽宁"一系列精品活动的环节之一，主旨在于激发辽宁与全球其他地区的友好往来及协同发展。

回溯至 2019 年 12 月，锦州拉开了共建"一带一路"中泰职业教育协作的序幕。辽宁石化职业学院与泰国东部职业教育中心、玛达浦技术学院以及唐风汉语国际教育集团达成了"互联网+中泰国际联办学校合作框架协议"。上述协议签订，为大学生、教职员以及共建"一带一路"相关国家的职员创造了培训机会。该项目以互联网教育与实地学习相融合的教学方式，活跃了人文交流与协作。

2019 年 11 月，参加"一带一路"共建国家新闻官与传媒人访学课程的人士参观了锦州市民艺馆非遗承传基地。在那里，他们了解并体验了锦州面塑与医巫闾山满族剪纸技艺，亲身感悟辽宁非遗文化的魅力。

2019 年 9 月，在大连举办了第二次共建"一带一路"倡议论坛。同年 7 月，铁岭一家地方企业联手外籍院士成立了"海外院士创新中心"。这个中心致力于人才引进和教育协作，是推广辽宁文化、深化共建"一带一路"倡议的重要渠道。

同样在 2019 年 7 月，辽宁的部分高等教育机构与白俄罗斯两所大学签下了合作备忘录，策划联合办学、教师交流培训和产学研创新项目。另外，大连理工大学与白俄罗斯国立大学联合学院已经正式运营，大连交通大学与俄罗斯远东国立交通大学也展开了协作办学。

辽宁各学校积极参与了诸如大学校长论坛、中日教育交流会等国际教育活动，并组织了"中日韩青少年体育盛会"和"东北亚四地青少年体育友好交流盛会"等青少年人文活动。此外，辽宁的芭蕾舞剧《天鹅湖》和纪录影片《铁血残阳》在海外也取得了积极反响。

总之，辽宁在推动中外人文交流项目方面，走的是稳中求进的发展道路。这为展示辽宁地方文化、推广辽宁形象提供了重要的阵地。这些活动和项目不仅在国际上提升了辽宁的影响力，也为辽宁的发展注入了新的活力和潜力。

三、共建"一带一路"倡议下辽宁文化传播路径发展的机遇

在 2016 年，中国文化部发布了《文化部"一带一路"文化发展行动计划（2016—2020 年）》，该计划强调了与共建国家和地区文化交流的重要性，以及推动文化交流、传播和贸易的创新发展。这一行动计划旨在深化文化交流，促进民心相通。

此外，《辽宁"一带一路"综合试验区建设总体方案》也提出了利用辽宁的特色元素，讲述辽宁的故事，以此展示中国的文化软实力。这一方案强调了地方特色和文化故事在展示文化软实力中的关键作用。

辽宁凭借其地理位置的优势和丰富的地域文化资源，在"一带一路"共建国家中拥有大量的机会来传播其地域文化。通过多种途径，如融媒体、留学教育、孔子学院和人文交流，辽宁的地域文化得以在全球范围内传播和交流。

1. 辽宁"一带一路"共建国家众多

截至 2020 年 5 月，全球已有 138 个国家与中国签订了共建"一带一路"倡议相关的合作文件。在这个大背景下，辽宁凭借其独特的地理优势，作为中国唯一的海陆双重门户对东北亚开放，周边国家众多，形成了广泛的国际交往网络。目前，辽宁已经与 27 个国家建立了 17 对友好省州关系和 69 对友好城市关系，与 114 个国家和地区保持着经贸联系。

辽宁借助其地理位置优势和自贸区的政策优势，积极参与并推动"17+1"

经贸合作示范区的建设，为该区域的经济发展作出了积极贡献。这一行动不仅加强了辽宁与其他国家和地区的经贸联系，也进一步扩大了辽宁在共建"一带一路"框架下的合作伙伴圈。

（1）政治互信为辽宁文化传播奠定基础

共建"一带一路"倡议的成功实施，依赖于政策沟通的有效性，这是其核心保障。政府间的政策沟通和交流机制的建立，能够深化政治互信，为各种形式的合作奠定坚实的基础。

辽宁主动融入并借助中俄总理定期对话机制及中日韩领导人论坛等多元化国际交互平台，以增进政策交流，齐心推动共建"一带一路"倡议的落地。如2020年1月，辽宁与日本共同发表了辽日友好宣言，辽宁对外友好人民协会和日本中国友好协会关西分会共签了合作备忘录。这无疑加深了中日间的深厚友情，也为两国在更多领域内的协作拓宽了新的道路。

再者，2019年11月，丹东市与韩中文化友好会缔结了战略协作框架，积极展开互动性文化活动，为两国在文化、商业、观光等方面的交换创造了新的机会。

这些活动的开展，进一步加强了辽宁与"一带一路"共建国家之间的政治互信，为辽宁文化的传播打下了坚实的基础，提供了必要的保障。总的来说，政策沟通是推动共建"一带一路"倡议成功实施的关键，而辽宁在这方面的积极行动，为其文化的传播和地区的发展提供了有力的支持。

（2）贸易畅通为辽宁文化传播提供动力

作为东北地区的老工业基地，辽宁充分运用其得天独厚的工业基础和地理位置优势，主动融合推进共建"一带一路"经济建设。截至2020年4月，辽宁已与56个"一带一路"共建国家开展了跨境人民币结算业务。在2019年1月至11月，辽宁与"一带一路"共建国家的进出口总额实现了7.8%的增长，达到了1928.4亿元。其中，抚顺市与42个"一带一路"共建国家达成了贸易进出口合作，总金额达9.9亿元人民币。

为进一步拓展开放空间，辽宁已设定了40条开放政策和8条双招双引策略，吸引共建国家的项目投资，亦推动省内项目走出去，面向国际市场。例如，大杨集团的产品已成功出口至 20 多个"一带一路"共建国家，本钢集团也与 7 个"一带一路"共建国家签下了供货协议。这些企业的主动配合，不仅为辽宁文化传播打下了良好的基础，还为辽宁的文化交流及推广事业提供了帮助。

辽宁文化的传播凭借经贸互动获得了新的活力。首先，随着辽宁与共建各国经贸往来的增加和企业员工数量的增多，使了解辽宁文化的人群逐渐扩大，从而放大了文化的影响力。其次，多频次且高层次的经贸合作为科技创新提供了实质性支撑，推进了传播技术的进步。最后，经济的稳步运行需要充足的国际化人才支持，这助推了来华留学教育和孔子学院的国际人才培养模式的发展。

2. 中国新媒体的全球影响力持续增强

随着"互联网+"的发展，媒体融合成为一种趋势，将传统媒体与新媒体的传播途径有效地结合在一起，实现了资源的共享，同时也衍生出了各种不同形式的信息产品。这种趋势在全球范围内都得到了明显的体现。

《中国国家形象全球调查报告 2018》数据显示，从 2013 年至 2017 年，全球的媒体和网民对中国的共建"一带一路"项目的关注度呈现出上升的趋势。这一报告进一步指出，海外受众通过中国的新媒体了解中国的比例也在逐年增加。这一现象说明，中国的新媒体在全球范围内的影响力正在逐步增强。

此外，《中国移动互联网发展报告（2019）》也指出，我国的移动互联网基础设施正在不断完善，电话用户总数已经达到了 15.7 亿户。截至 2019 年 6 月，短视频用户规模已经达到了 6.48 亿人，占网民总体的 75.8%。这一数据进一步证明了新媒体在中国的广泛应用和影响力。

总结来说，中国新媒体在海外受众中的使用比例正在逐年上升，这既是中国新媒体发展的重要表现，也为媒体融合提供了新的发展机遇。在未来，随着新媒体技术的不断发展和完善，有理由相信，中国新媒体在全球的影响力将会进一步增强，辽宁文化会得到进一步的传播。

3. 来辽留学教育稳步发展

辽宁作为中国留学生招收的主要省份，自 20 世纪 50 年代以来，已经建立了良好的来华留学教育基础。这一地位的确立，得益于辽宁在汉语国际推广基地建设上的积极推进，以及其拥有的五个全国首批认定的"汉语国际推广基地"和"华文教育基地"。这些基地为来辽宁的留学生提供了优质的学习环境和资源，也为辽宁文化的传播创造了条件。

教育部在2016年发布的《推进共建"一带一路"教育行动》通知中明确指出，教育在共建"一带一路"中具有基础性和先导性的作用，其中文化教学是汉语国际教育的重要组成部分。这为辽宁抓住机遇，推动汉语国际传播的发展提供了政策支持。而共建"一带一路"倡议的推进，也使得辽宁的来华留学生的数量逐年增加，为地域文化传播提供了更广阔的舞台。

来辽宁的留学生是辽宁文化传播的重要受众。根据教育部国际合作与交流司发布的《来华留学生简明统计》数据，2014年至2016年，辽宁的留学生数量持续增长，其中"一带一路"共建国家的留学生占比均超过67%。这些留学生是辽宁留学生群体的重要组成部分，他们在辽宁学习生活，使他们有机会深入了解和感受辽宁的地域文化，同时也有可能成为辽宁文化传播的重要力量。

在对外汉语的教学过程中，文化教学是传播辽宁文化的最直接方式之一。辽宁的留学生中，学历生人数占比超过一半，这意味着大多数留学生在辽宁进行了长期、系统的汉语学习或其他专业学习，他们有机会积极参与相关文化体验活动，从而更深入地了解和感受辽宁的地域文化。

另外，留学生也是地域文化传播的重要主体。他们在学习和接触辽宁文化的过程中，不仅可以获得更多的个人发展机会，而且可以通过他们的传播，吸引更多的留学生来辽宁学习，进一步提升辽宁的国际影响力。

总的来说，来华留学教育的稳步发展，为辽宁文化的传播提供了契机。辽宁应当充分利用这一优势，进一步发展来华留学教育，同时，也要注重通过文化教学，将留学生培养成为地域文化传播的重要力量，从而提升辽宁的国际影响力。

4. 海外孔子学院建设不断发展

海外孔子学院建设的不断发展，为辽宁文化的传播提供了重要契机。孔子学院作为辽宁文化的传播平台，同时也为辽宁培养跨文化传播人才，这两个方面的作用都在推动辽宁文化的国际传播。

首先，孔子学院是辽宁文化的传播平台。《关于实施中华优秀传统文化传承发展工程的意见》强调了孔子学院在传播中华优秀文化、促进中外文化交流和互鉴方面的重要作用。辽宁孔子学院合作大学联盟的成立，进一步确认了孔子学院在辽宁文化传播中的重要地位。这个联盟不仅推动了辽宁在文化领域的国际化进程，也为辽宁文化的推广、线上课程建设、辽宁特色精品课程设计以及师资培训等提供了重要的交流和讨论平台。

其次，孔子学院为辽宁培养了大量的跨文化传播人才。辽宁内的高校通过接受孔子学院奖学金生，培养了大量的跨文化传播人才，这些人才在海外通过举办文化课堂、文化活动和学术交流会议，将辽宁文化传播到世界各地。例如，俄罗斯新西伯利亚国立技术大学孔子学院、突尼斯迦太基大学孔子学院和意大利恩纳科雷大学孔子学院等，都在积极参与跨文化交流活动，为辽宁文化的传播作出重要贡献。

总的来说，海外孔子学院的建设发展，为辽宁文化的传播提供了重要的平台和人才支持。在未来，期待更多的孔子学院能够参与到辽宁文化的传播中来，通过各种方式，将辽宁的文化传播到世界各地，让更多的人了解和认识辽宁，了解和认识中国。

5. 中外人文交流不断深化

根据《关于加强和改进中外人文交流工作的若干意见》，中外人文交流是对外工作中的重要组成部分。为促进民心相通和文明互鉴，汉语、节日民俗及其他非物质文化遗产等项目需要向外传播，并开辟多层次的语言文化交流渠道。《文化部"一带一路"文化发展行动计划（2016—2020 年）》强调充分发挥国内各省区市的优势，加强与"一带一路"共建国家和地区政府间的文化交流。《辽宁"一带一路"综合试验区建设总体方案》提出要充分挖掘、培育、宣传辽宁的优质人文要素，展开深层次、多领域的对外交流，广泛传播辽宁的故事，积极打造辽宁的形象。习近平主席在 2019 年第二届共建"一带一路"国际合作高峰论坛开幕式上的主旨演讲中表示，要深入推进教育、科学、文化、体育、旅游、卫生、考古等各领域的人文合作，加强群体之间的交流，形成多元互动的人文交流格局。

以上相关的政策文件和主旨演讲都强调了中外人文交流路径在文化传播和文明互鉴方面的重要作用，为通过人文交流路径传播辽宁文化提供了政策支持。

6. 辽宁文化资源丰富

辽宁拥有丰富多样的地域文化内涵和独特特色，在共建"一带一路"倡议下，为媒体传播、文化教育以及文化活动的主题制定提供丰富的内容和素材。

（1）文化遗产丰富

辽宁，作为东北区域唯一的海滨省份，坐落在中国海岸线的北方始点，海岸线全长达到 2920 千米。地理方位上，辽宁与华北平原无显著的物理阻隔，地貌连接得天衣无缝，充当了中华主流文化向东北区域传播的关键桥梁。以其自然与人文景色相融合而闻名的辽宁，拥有众多国家级的优美景区。

辽宁拥有丰富的历史文化，并保存了多处文化遗址和珍贵历史文物。辽宁目前有六处被列为世界文化遗产。根据国务院发布的第四批非物质文化遗产名录，辽宁共有 37 个国家级非物质文化遗产项目，190 个省级非物质文化遗产项目。

辽宁拥有 65 座博物馆，其中包括中华人民共和国成立后建立的第一座博物馆——辽宁博物馆，以及全国重点文物保护单位——旅顺博物馆。这些博物馆通过展示馆藏珍品，举办众多学术交流活动，既能深入探索中华文化的起源，又能体验到具有辽宁特色的地域文化。

（2）少数民族特色突出

辽宁一直是少数民族聚居区域，共有五个世居少数民族，包括满族、蒙古族、回族、朝鲜族和锡伯族。根据第六次全国人口普查的统计结果，辽宁的少数民族人口达到 670 万，人口绝对数位居全国第五位。

辽宁因为丰富的少数民族文化，孕育了多样的少数民族技艺，展现出独特的审美特点。

辽宁的少数民族保留了独特的民俗习惯、民族节日和服饰特色，同时拥有属于自己民族的语言和文字，以及丰富多彩的民俗技艺。少数民族节日凸显了辽宁文化的独特性，也传承了中华文化的内涵。

（3）移民文化独特

辽宁的移民文化有其独特之处，反映在以下两个方面：首先，辽宁与中原地区毗邻，因此，深受中原传统文化的熏陶；其次，其地理位置具有边缘特性，使得辽宁成为国内外移民的首选安置之地。在历史长河中，辽宁曾有过大规模的"闯关东"移民潮，黑土吸引了众多来自山东、河北等地的农民带着自家的文化、风俗、生活习惯以及生产模式来到辽宁，在此打造他们的新家园，这样的历史过程使得辽宁文化中富含多种民间艺术形态，有民间音乐、舞蹈和戏剧表演等。

作为文化传承的关键载体，语言在辽宁方言中展现了当地人的独特性格。辽宁方言包括胶辽官话和东北官话，如胶辽官话将"吃"诠释为"歹"，"人"发音为"银"，而东北官话则将"怎么办"形容为"咋整"，"很好玩"概括为"贼好玩"。辽宁方言具备极高的感染力，可以借助小品和方言话剧的手法宣扬辽宁的地域文化。通过对辽宁农村人物的描绘和方言的运用，推进了辽宁文化产业的发展。除此之外，辽宁域内英雄辈出，其中"英模"成为辽宁文化的显著标志。共有1431名辽宁人被评为全国劳动模范，11人荣获全国道德模范称号，以及47人获全国道德模范提名奖，名列全国之首。这些英模的光辉业绩彰显了辽宁文化的精神内核，为当地文化发展增砖添瓦。

总之，在共建"一带一路"倡议下，辽宁拥有诸多地域文化传播路径发展的契机，包括同"一带一路"共建国家的紧密合作、融媒体平台的持续拓展、来华留学教育的持续稳健、海外孔子学院的创建以及中外间人文交流的不断加深。另外，辽宁自身依然具备丰厚的地域文化底蕴。为此，在这些机遇面前，应积极行动，强化辽宁文化的传承与发扬。

四、共建"一带一路"倡议下辽宁文化传播路径面临的挑战

1. 融媒体路径面临的挑战

（1）受众需求考虑不足

为促成辽宁文化的跨文化传播，需满足留学生、外籍员工以及"一带一

路"共建国家观众的需求。传统地域文化传播方式如广播、电视和报刊,其影响局限于本地及周边地区。而网络平台如网站、微信平台亦以辽宁留学生为主要对象,语言局限于汉语,缺乏适应国际受众的跨文化内容。据《中国国家形象全球调查报告 2016—2017》,19%海外受访者认为自己未接触中国媒体的重要原因之一为"话语表达方式看不明白"。

2020 年 3 月,中国语言服务 40 人论坛特推出"抗疫网上论坛"系列,讨论应急语言服务的建设、规划及人才培养。在辽宁文化传播中,应优先开发多语种社交软件,完善跨文化传播人才培养体系。

在共建"一带一路"倡议下,辽宁文化传播范围应扩展至共建国家。尽管政府主导的主流媒体在国内具有权威和公信力,但与国外观众的认知存在差异。通过分析辽宁媒体传播现状,可发现融媒体路径发展程度有限,新媒体软件使用范围较狭窄,难以满足跨文化受众需求。故需转变传统媒体传播方式,满足不同文化背景受众需求,实现辽宁文化的有力传播。

(2)传播路径灵活性差

在地域文化传播上,辽宁融媒体平台的发展不足,传播灵活度亦显不足。其传播渠道大多以政府主管的传统途径,如报纸、杂志、广播、电视等为主,而这些路径间的边界较为明显,导致文化传播路径呈现碎片化,协同效果不明显。虽然辽宁已逐渐进行融媒体化转型,主要聚集于网站及微信平台推广,然而其他新媒体的应用却相对较少,互动程度不足,联动机制难以实现,从而制约了辽宁文化的跨外传播活力与多元性。过于单一的传播路径形同"硬推"的文化传播方式,忽视了受众需求和兴趣,相对的受众面过于狭窄,互动性弱,同时传播力度亦较弱。

此外,在政府主导的辽宁文化专题上,在采编报道内容方面,也存在着一定的制约性,缺乏自主传播能力。因为过于保守,其更新速度过慢,缺乏内驱力,以及缺乏与时俱进和应变的能力。在共建"一带一路"倡议的大背景下,辽宁应选择多元、当代且广泛性的地域文化传播路径,以更好地适应时代的发展需求。

2. 来华留学教育路径面临的挑战

（1）文化教学针对性不强

《华语教学讲习》指出，文化因素在语言系统中是关键组成部分，不仅对语言能力产生影响，也对语言交际能力具有重要作用。在汉语作为第二语言的教学过程中，往往涉及来自多元文化背景的学习者的互动与交流。因此，在对外汉语教学领域已经认识到在教学过程中应强调文化知识的引入，从而帮助汉语学习者更好地融入学习与生活环境。

据《来华留学简明统计》数据显示，汉语言专业一直是留学生首选。2014年，选择汉语言专业的留学生占总数的51.5%。尽管从2014年至2018年，来华留学生总人数逐年攀升，而汉语言专业学生占比逐年减少，但其仍是吸引留学生最多的专业。

大连外国语大学被授予"汉语国际推广基地"的称号，另外，辽宁师范大学和沈阳师范大学被认定为"华文教育基地"。

辽宁在留学生数量方面居全国前列，特别是来自"一带一路"共建国家的留学生比例较高，为辽宁文化传播提供了较好的受众基础。此外，辽宁的汉语国际教育学科发展时间长、水平较高。

然而，根据统计数据分析，这三所高校的汉语言专业文化课程数量均为四门，仅沈阳师范大学设置了与辽宁文化相关的课程，表明辽宁文化教学存在不足。此外，这三所学校共设九门文化课程，均为必修或选修课程，揭示留学生在文化教学中的课程选择相对狭窄，缺乏关注文化技能及应用的课程。

辽宁在来华留学文化教学上，尚未充分发挥受众资源与学科发展背景优势，在有效传播丰富的辽宁文化资源方面尚待提高。这使汉语学习者难以深入了解辽宁文化，也无法在学习汉语的过程中提升跨文化交际能力，消解文化冲撞和焦虑。因此，作为辽宁文化传播途径的来华留学教育，应针对这些问题进行有针对性的调整和改进。

（2）文化活动主题不够丰富

通过对留学生文化活动现状的了解，发现文化活动的主题主要集中在两个方面：一是举办各种比赛，如围绕辽宁文化展开的摄影大赛、征文大赛和演讲比赛；二是组织各种观光游览活动，包括参观国家森林公园、本溪水洞和各大博物馆等。目前，在辽宁的留学生中，这些比赛和游览活动已经形成了系列，并且实施方案也比较完善。然而，这些活动缺乏创新性，很难产生较强的吸引力，可能导致传播效果无法持续。

因此，在确定文化活动的主题时，应该考虑与辽宁文化相关的各个方面，丰富文化活动的主题。同时，也需要考虑到受众能够接受的主题和形式，以确保活动的吸引力。

3. 海外孔子学院路径面临的挑战

（1）孔子学院发展程度不平衡

通过对辽宁孔子学院文化活动的现状进行梳理，可以发现各孔子学院都注重推介中华文化。许多孔子学院都开展了"孔院开放日""汉语角"等活动，使汉语学习者能够近距离体验中华文化。然而，针对辽宁文化传播的活动，在不同孔子学院的关注程度和发展程度方面存在不平衡的情况。

以俄罗斯新西伯利亚国立技术大学孔子学院为例，该孔子学院积极传播辽宁文化，举办了"魅力汉语·美丽辽宁"演讲比赛，开展了"非物质文化遗产走进俄罗斯"活动，并与辽宁高校合作开展夏令营和本土汉语教师培训项目，积极推广辽宁文化。该孔子学院活动形式多样，且具有丰富的传播经验。

然而，大多数辽宁海外孔子学院的文化传播活动仍以中华文化为主，较少开展专门传播辽宁文化的推广活动，形式比较单一。有必要在辽宁海外孔子学院中加强对辽宁文化的传播，丰富文化活动的内容，提升辽宁文化的知名度和影响力。

仅借助少数孔子学院的力量无法实现辽宁文化的有效传播，需要形成传播合作的力量，以扩大传播效果。辽宁的各个孔子学院应利用辽宁孔子学院合作大学联盟的支持，在通力合作和共同发展的基础上，广泛而有效地传播辽宁文化。

（2）文化课堂教学模式单一

根据本书研究中对辽宁五所孔子学院文化课程设置情况的调查结果，其中三所孔子学院设有文化课程，而两所孔子学院则未开设文化课程，且文化课程与语言课程的比例存在不均衡的情况。目前孔子学院的文化课程主要集中在中国书法、绘画等中华文化知识上，教学方式主要以带领学生进行文化体验为主，教学模式相对单一。

当前文化课堂的教学模式需要更丰富的变化，不能单纯重视体验。首先，现存的文化体验课程大多为一次性体验，缺乏持久性，难以建立系统的文化课程教学体系。其次，这类课程对汉语学习者广泛适用，操作复杂度低，但对教师的专业技巧和文化知识水平要求却不严格，导致课堂活力匮乏。最后，孔子学院作为设在辽宁的机构，其现有文化课程中并未包含辽宁文化相关内容，没有充分发挥地域文化传播平台的作用。

4. 人文交流路径面临的挑战

现阶段，"一带一路"共建国家和地区之间的人文交流主要通过官方交流活动进行。然而，针对外语人才以及技术专业型人才的需求与供应之间存在严重失衡，这给满足辽宁在产业技术进步和地域文化传播上的需求带来了挑战。因此，需要为满足这些需求，培养更多的具有国际视野的人才。

导致国际化人才短缺的原因主要有三点。第一，辽宁在吸引高素质和高层次人才方面表现欠佳，留学生数量较少。从 2016 年到 2018 年，辽宁政府每年仅设立 30 个奖学金名额，因此，成功获取政府奖学金来辽宁学习的学生数量有限。第二，"一带一路"共建国家的学生来辽宁留学的数量在增长，但从中国去这些国家留学的学生相对较少，这造成人文交流在各地之间存在不均等现象，给"一带一路"的民心相通和经济贸易合作带来了一定限制。这也是项目在所在国社会中未得到充分接纳，甚至存在"适应不良"问题的一个重要原因。第三，部分"一带一路"共建国家的民众受教育水平普遍较低，这使得在高层次文化交流上遇到了阻碍。

经过对辽宁中外人文交流发展现状的分析，发现存在以下问题：首先，辽宁与"一带一路"共建国家及地区的人文交流仍局限于传统方式，例如，语言推广、文化展示以及人员互访等，较为缺乏创新性交流手段，人文产品输出和产业合作尚显不足；其次，辽宁在人文交流方面深度不够，仅涉及辽宁各级政府、高等院校及合作机构，其他参与主体在交往频率和涉及范围方面鲜有拓展，这导致了交流层次的不足。

鉴于辽宁正深入参与共建"一带一路"的建设，地域文化传播面临新的机遇和挑战，因此，有必要构建新的辽宁文化传播路径，以期在更广范围内实现有效传播。

第七章 共建"一带一路"倡议下辽宁文化国际传播措施建议

第一节 建立现代化市场体系

建立现代化市场体系是必要的，这样可以形成统一、开放、竞争、有序的现代化市场。为了实现这个目标，需要打破当前存在的条块分割、地区封锁和城乡分离的局面。仅仅依靠市场需求推动是不够的，还需要通过有效的措施来引导和促进文化产品的有效供给。

一、完善文化产品及生产要素市场

在培育和完善文化产品及生产要素市场方面，需要搭建一个合理流动的平台，以促进文化产品、资金、技术产权、人才和信息等要素的有效流动，从而更好地满足市场需求。市场化的运作模式应该成为文化产品的生产、生产者的调整以及消费者个性选择的依据。

首先，搭建合理流动平台是关键。这需要建立透明、高效的市场机制，以确保文化产品和生产要素在供需之间的平衡流动。例如，建立一个开放的交易平台，供应商可以将自己的文化产品展示出来，同时消费者可以通过这个平台方便地选择和购买自己感兴趣的文化产品。另外，还需要加强信息流通，使生产者和消费者能够更好地了解市场潮流和需求动向，以便及时做出调整和创新。

其次，市场化的运作模式是实现文化产品生产和流通的重要途径。市场的自由竞争机制可以促进创新和优化资源配置。文化产品的生产应该以市场需求为导向，生产者需要根据市场反馈调整产品的定位和特点，以满足不同消费者的需求。市场的自由选择和竞争也可以激发创作者的创造力和潜能，推动文化产品的多样性和品质的提升。

最后，市场的参与和运作应该是有序、规范的，保护各方的权益和利益。政府可以起到引导和监管的作用，通过建立健全的法律法规、加强监管措施，确保市场的公平、诚信和可持续发展。政府还可以提供政策支持，例如，为文化产业提供财税优惠和创新基金，以鼓励更多的企业和个人参与到文化产品生产和创意创新中来。

二、发挥大中城市专业市场辐射作用

为了发挥大中城市中心市场和区域专业市场在文化产业中的辐射和拉动作用，需要重点培育一些关键领域。

第一，演出娱乐市场是一个重要的方面。通过引进和推广各种文化艺术表演、音乐会、戏剧等演出活动，可以吸引更多观众和文化消费者，进而拉动相关产业的发展。为此，可以加大对演出场馆建设的投入，提供更多演出机会和舞台支持，激励优秀演出团队和艺术家的创作和表演活动。

第二，影视剧市场也是一个关键领域。通过制作和推广优质影视剧作品，可以吸引更多的投资和人才，促进整个影视产业链的发展。为此，可以加强对原创剧本的培育和扶持，提供有利的拍摄条件和资源支持，积极开展国际合作，拓宽市场渠道和传播平台，提高影视作品的质量和影响力。

第三，书报刊市场也是一个重要的方面。加强对优秀作品的出版和推广，激发读者的阅读热情，推动出版业的发展。为此，可以增加对作家的扶持和鼓励，提供更多的创作和出版支持，加强版权保护和市场监管，培育优秀的出版机构和传媒平台，促进图书市场和报刊市场的繁荣。

第四，电子音像制品市场和古玩市场也具备一定的潜力，可以进一步挖掘其商业价值。通过加强对电子音像制品的研发和生产，提升产品的质量和体验，推动行业的创新和发展。同时，加强对古玩市场的管理和监管，注重文化保护和市场规范，提升古玩交易和文化收藏的价值。

第五，要快速培育和规范以网络为载体的新兴文化市场。网络媒体具有广泛的传播特点，可以更好地满足大众的个性化需求。通过加强网络文化产品的开发和推广，如音乐、视频、游戏、动漫等，可以创造新的商业机会，推动数字文化产业的蓬勃发展。

三、市场的参与和运作需有序和规范

市场参与和运作需要有序和规范，政府在其中可以发挥引导和监管的作用。

首先，政府应建立健全法律法规，以确保市场的公平竞争和诚信经营。这些法规应明确市场交易的条件、标准和流程，以防止不正当竞争和商业欺诈行为的发生。例如，政府可以制定反垄断法和消费者保护法等，以保护消费者利益，维护市场的公平竞争环境。

其次，政府还需加强监管，确保市场的有序运行和合规经营。这包括监督市场参与者的行为、对违反规定的行为进行惩罚，维护市场秩序的稳定。政府可以设立专门的监管机构，加大市场监管力度，及时处理投诉和纠纷，为市场参与者提供法律保护和公正待遇。

最后，政府还可以提供政策支持，鼓励更多的企业和个人参与文化产业。例如，通过给予文化产业财税优惠和创新基金等政策，激励企业和个人投资文化产品的生产和创意创新，增加市场的多样性和活力。政府还可以支持文化产业的国际合作与交流，提升文化产品的竞争力和影响力。

总之，政府在市场参与和运作中发挥着重要作用，通过引导和监管，能够促进市场的健康发展，保护各方的权益和利益。

第二节 复合型人才培养

中国加入世界贸易组织后，由国内市场向全球市场扩展的顶尖企业在国际经营中迫切需要具备跨国经营能力的领导人才。据了解，目前中国国内具备跨国经营能力的高层领导人才数量仅为 7.5 万人，而根据需求量的估计，这个数字仅相当于实际需求的 1/15。这意味着，中国亟须加快国际经营人才的培养和开发，否则将不可避免地限制"走出去"战略的顺利实施。

一、加大对文化产业人力资本的投入

对于文化产业而言，人才是推动行业创新和发展的关键要素。因此，应该加大对文化产业领域人才的培养和引进力度。

首先，应该加强对文化产业从业者的培养。传统的文化教育模式已经无法满足现代文化产业的需求，因此需要不断探索和改革人才培养模式。培养具有国际视野和创新精神的人才，要注重实践经验和跨文化交流的培训。通过开展实践项目、实习和交流活动，使学生能够深入了解行业实际操作和国际市场情况，提高其跨文化交流的能力和全球市场开拓能力。

其次，要注重引进国内外优秀的文化产业人才。通过引进经验丰富、具有创新思维和领导能力的人才，可以促进本土文化产业的发展。可以采取有吸引力的薪酬政策、提供良好的职业发展机会和创新创业支持等措施，吸引优秀人才来到辽宁从事文化产业工作，不断提升辽宁文化产业的人才水平和竞争力。

最后，加大对人才培养和引进的投入力度。政府应该加大对文化产业人力资本的投入，提供足够的经费和资源支持。可以设立专项资金，用于资助人才培养项目、引进优秀人才等，鼓励社会各界积极参与文化产业人才培养和引进，形成合力。同时，应建立健全人才评价体系，通过公正、公平的评价机制，激励和选拔出优秀的文化产业人才。

二、培养具备跨界能力和金融投资能力的人才

在实施"走出去"战略，尤其是通过并购和资本运作提高国际化水平时，企业所需的人才远不止于版权贸易、进出口贸易和翻译等领域的人才。更为需要的是具备跨界能力和金融投资能力的人才。跨国经营涉及复杂的法律、政策和文化差异，对高端管理人才提出了更高的要求。

首先，跨国企业需要拥有具备跨国经营和跨文化发展能力的高端管理人才。这些人才应该具备熟悉不同国家和地区经济环境的能力，熟悉国际商务惯例和法规，能够应对不同国家之间的市场变化和政策变化，以及具备良好的国际合作与沟通能力。他们应该能够灵活地调整和应对各种挑战，推动企业在国际市场中取得成功。

其次，跨国并购涉及大量的金融投资决策和运营管理，需要企业拥有具备金融投资能力的人才。这些人才应具备深厚的财务知识和投资分析能力，能够评估和管理跨国交易的风险，制定合理的资本运作策略，以实现投资的收益最大化。他们应具备对不同国家金融市场的了解和把握，并能够灵活运用各种金融工具进行资本运作。

最后，为了实现企业在国际市场的竞争，可以以一些成功企业的经验为例。例如，华为在国际市场上的成功，不仅得益于先进的技术能力，更重要的是华为拥有一支具备跨国经营和管理经验的高端团队，能够快速适应不同国家的商业环境和文化特点，以强大的执行力和领导力推动华为在全球范围内的发展。

总之，企业在实施"走出去"战略、提高国际化水平时，需要拥有具备跨界能力和金融投资能力的高端人才。只有携手这些人才，企业才能顺利地应对跨国经营所面临的各种挑战，抓住机遇，保持竞争优势，实现国际市场中的成功。

第三节 传播模式向多元化发展

一、"出口不出国"模式

"出口不出国"模式指的是通过在国内进行常年演出，吸引外国观众来实现中国演出产品的"出口"。这种模式的关键是将中国的演出产品作为一种文化输出，吸引国外观众来中国欣赏演出。通过在国内举办各类演出，如音乐会、舞蹈表演、戏剧演出等，吸引了大量的外国观众。他们在观赏演出的同时，也能够体验到中国的文化和艺术，进而对中国产生兴趣。这种模式有多方面的优势。

首先，对于演出团队来说，这种模式减少了巡演的成本和风险。相比于在国外巡回演出，团队只需要在国内进行演出，无需面临语言、签证等问题，降低了巡演的复杂性和不确定性。其次，通过吸引外国观众来观赏中国演出，可以提高中国的文化影响力和国际形象。外国观众可以近距离感受中国的文化艺术，深入了解中国的历史和传统。这不仅有助于加强中外人文交流，增进文化互相理解，也有助于推动中国文化在国际上的传播。北京举办的国际音乐节就是一个很好的例证。每年，来自世界各地的音乐家和观众齐聚北京，共同享受来自不同国家和地区的音乐演出。通过这种方式，北京音乐节不仅成为国际音乐界的盛会，也为中国的音乐文化输出作出了积极贡献。

总的来说，通过"出口不出国"模式，中国能够借助国内的演出市场吸引外国观众，推动中国演出产品的"出口"，并在国际上树立良好的形象。随着中国文化的不断发展和传播，中国有望在国际文化交流中发挥更大的作用。

二、"集成创新"模式

另一个重要模式是"集成创新"模式，通过整合国内与国外的创意、资本等优势资源，并融合多种中国元素，实施国际化制作，以使中国文化产品能够在国际上得到充分表达。在集成创新模式中，积极运用国内外的创意资源是至关重要的。例如，在电影制作领域，中国电影产业正在努力与国际制作公司合作，共同推出具有全球影响力的作品。此举可以借鉴国外先进的制作技术和故事创作经验，将中国文化与国际市场需求巧妙结合，提高中国电影的国际竞争力。

此外，"集成创新"还需要整合来自不同国家和地区的资本资源。通过引入国际资本，可以帮助提升中国文化产品的制作水平和市场推广力度。例如，中国音乐产业近年来吸引了众多国际唱片公司和投资机构的目光，这些合作带来了更多投资和市场资源，推动了中国音乐的国际化发展。

同时，为了确保成功实施"集成创新"，还需要融合多种中国元素。中国拥有悠久的历史文化和丰富的艺术遗产，可以通过在国际文化产品中巧妙地融入这些元素，创造出独一无二的作品。例如，在游戏领域，中国故事和传统元素的融入为游戏产品赋予了独特的风格和魅力，吸引了全球玩家的关注。

总之，"集成创新"模式是实现中国文化产品国际化的重要路径之一。通过整合创意资源、资本资源和中国元素，将中国文化产品打造为具有国际竞争力的作品，并在国际舞台上得到广泛传播和认可。这一模式的成功实施将为中国文化产业的发展注入新的动力，同时也为世界各地带来更多丰富多彩的文化体验。

三、"借船出海"模式

"借船出海"的模式是指与国外合作伙伴共同投资，通过国际营销网络进入国外的主流文化市场。为了更好地利用这些模式，需要加强文化产业聚集区、文化产业园和文化产业带的规划建设。这将为外向型的文化企业提供更好的发展环境。同时，还需要探索适合辽宁实际情况的多元化的"走出去"模式。

举例来说，可以与国外的影视制作公司合作，合资拍摄具有辽宁特色和文化内涵的电影或电视剧。通过精心打磨的剧本和制作，将辽宁的优秀文化推向国际舞台，吸引更多的观众和市场。这种合作不仅能够推动文化产业的发展，还能够增进中外文化的交流与理解。

此外，也可以与国外的艺术机构合作举办文化艺术展览。通过展览，展示辽宁的独特艺术风格和传统文化，吸引国外的观众和文化爱好者，进一步扩大辽宁文化的影响力。这样的合作能够促进艺术交流，推动辽宁艺术产业的发展。

在推动"借船出海"模式的过程中，政府部门应加大支持力度，提供政策和财政支持，为外向型的文化企业提供必要的支持和保障。同时，行业协会和商会等组织也要发挥积极的作用，加强国际合作和交流，为辽宁文化产业的国际化发展提供平台和机会。

总之，通过加强文化产业聚集区和文化产业园的规划建设，扶持培育外向型文化企业，以及探索多元化的"走出去"模式，辽宁可以更好地走向国际，将优秀的辽宁文化推向世界舞台，实现文化产业的国际化发展。

第四节　辽宁文化传播路径的发展建议

辽宁文化传播在共建"一带一路"文化建设中具有至关重要的地位，它成为连接共建"一带一路"倡议的桥梁和纽带。在这一大背景下，本部分阐述了辽宁文化传播的现状，并针对跨文化传播所面临的机会与挑战进行了探讨。基于此，提出了一些建议，以优化辽宁文化传播路径，以便更好地适应共建"一带一路"发展需求。

一、提高融媒体传播路径传播力

融媒体传播途径能够满足受众需求，尤其适应以中青年群体为主的受众。这一群体具有较强的接受能力，是社会发展的关键参与者。融媒体不仅拥有定向投放内容的功能，还具备较高的覆盖率，因此能够针对主要使用融媒体的人群对辽宁文化进行有针对性的传播，达成有效传播目标。

1. 开通多语种社交平台

面对全球化的挑战和机遇，辽宁已在引进国际人才方面取得了显著的成就，其在全国各省留学生人数排名中位列第五，这亦是吸引众多外国受众的重要证明。在此背景下，致力于多语种化传播显得尤为重要，关于微型产品开发和应急语言服务的需求也在持续增加。借助融媒体和社交平台，可以利用多种语言形式开展跨文化传播，从而更有效地传播辽宁文化。

针对辽宁省高比例的国际留学生人数，实施多语种传播不仅有助于留学生更好地融入当地社会，也能更深入地传播和推广辽宁文化。例如，可以在社交媒体上利用英语、法语、日语等多种语言来宣传辽宁，让更多的国际学生了解到辽宁的魅力。

在当代信息碎片化的时代，微型产品的开发需求正在增加。在微型产品中加入多语种元素，能够更有效地跨越国界，传播辽宁文化。例如，可以开发多语种的辽宁地方特色表情包，使不同国家和民族的人们在日常沟通中，可以体验和使用这些具有地方特色的表情。

另外，应急语言服务也是一项重要的议题。例如，可以为辽宁的留学生提供日常生活、紧急事件中的语言翻译服务，以帮助他们更好地适应生活和应对可能遇到的问题。这样也可以在一定程度上展示辽宁的包容度和对全球人才的欢迎态度，进一步吸引更多的国际人才。

综上所述，必须认识到，借助融媒体和社交平台，使用多语种进行跨文化传播，在向全球推广辽宁文化的过程中将发挥至关重要的作用，尤其是采用目标受众熟悉的语言，这些都是在当今信息化社会中传播地方文化的有效方法。

（1）建立高校或外资企业微信公众号

对于宣传辽宁文化的目标，可以充分利用微信公众号等社交媒体平台的传播优势，构建以高校或外资企业为主导的传播网络。

首先，以高校公众号为例，可以设立辽宁文化专题。考虑到高校群体的普遍年轻化，以及对知识和文化的持续探索，借助高校公众号推广辽宁文化，不仅可以充分发挥学术、教育等方面的优势，还可以吸引更广大的年轻受众群体。

其次，针对外资企业的公众号，需要加强对辽宁文化的全球化传播。一方面，采用多种语言，可以覆盖更广泛的用户，在全球范围内扩大辽宁文化的影响。另一方面，定期推送辽宁文化专题的内容，能够帮助国际用户更深入了解和接触辽宁文化，提升辽宁在国际社会的知名度和影响力。

最后，无论是高校还是外资企业的公众号，在发布内容时，都需要强调融媒体传播的重要性。以音频、图像、视频等多媒体形式的展示，可以为用户提供丰富多样的感知体验。例如，发布蒙古族、朝鲜族传统民歌的音频，这既能让受众了解到辽宁的多元民族文化，也能让人们感受到传统民歌的美感和魅力；展示辽宁风景和古建筑的图片，既能让人欣赏到辽宁的自然风光，也能感受到辽宁历史文化的独特韵味；播放辽宁秧歌、舞蹈以及方言小品的视频，让受众既能观赏到辽宁的民间艺术，又能通过方言小品，感受辽宁的人文风情。

总的来说，推广辽宁文化，借助微信等社交媒体平台，结合融媒体的传播方式，能够让受众以更加丰富多样化的形式，深度感受到辽宁文化的魅力，在全球范围内提升辽宁文化的知名度和影响力。

（2）建设和完善各高校官网

在全球化的背景下，校园已经成为文化交融的小型社会。各大学以及辽宁政府的官方网站，既是留学生了解学校信息与辽宁实况的主要渠道，也是辽宁向世界展示自身文化、发展变化的重要窗口。因此，建设和完善各大高校官网具有重要的意义。

首先，对于内容的丰富程度来说，大学官方网站在介绍学校信息的同时，应重视并对辽宁的地域文化进行全面系统的介绍。例如，既可以设置专门的栏目，如"辽宁风光""辽宁历史""辽宁文化"等，进行详尽的介绍，也可以结合图片、视频等多媒体形式，进行生动渲染。例如，开设3D虚拟现实的方式，让网站浏览者"亲身体验"辽宁的自然景观、人文环境等，既能切身体会，又能清晰地展现辽宁的魅力。

其次，为了达到更好的宣传效果，可以借鉴辽宁政府的做法，在大学的招生网站和对外事务网站上设立"辽宁文化"的宣传板块。在这些板块下，可以举办多场对外的活动，如在线文化交流座谈会、线上讲座等，既能加深外籍公众对辽宁的了解和认知,又能积极传播辽宁的影响力。

总的来说,建设和完善各高校官网是一个系统化、全方位的工程。从内容的丰富度到界面的易用性,再到语言的国际化,都需要精心策划和执行。只有这样,才能更有效地将辽宁的地域文化传播给全世界,同时为留学生和海外网友提供便利的信息获取途径。

(3)通过电子邮件进行点对点宣传

电子邮件作为一种传统的数字化通信方式,不仅是人们日常生活中获取信息的重要途径,同时也是一种有效的宣传和推广手段。利用电子邮件进行点对点的传播,可以确保信息直接准确地送达至目标受众,同时也可进行个性化推送,满足不同用户的需求。因此,通过电子邮件进行辽宁文化的推广具有实质性意义。

首先,这是一种主动的推广,能够确保信息直接到达预期的读者。例如,如果有外籍学生对辽宁大学进行了询问或者申请,大学可以在给学生回复的电子邮件中,附上辽宁文化的相关资料,如概述的推广视频、图片及文章。通过这样的方式,学生不仅可以更多地了解辽宁的文化特色和生活实况,而且这些信息是直接传递到学生手中,避免了无法接触到相关信息的可能性。

其次,电子邮件的内容可以进行个性化订制。每封电子邮件都可以针对收件人的特性进行优化,如其所在的地理位置、文化背景、兴趣爱好等。针对不同的受众,推送的内容也可以有所不同,以更具针对性。例如,对于对艺术感兴趣的学生,可以推送一些辽宣细瓷、剪纸、丹东木版画等辽宁非物质文化遗产的内容;而对于喜欢户外活动的学生,可以推送辽宁的自然公园、市区公园、旅游景点等户外活动信息。

最后,可以建立一个电子邮件反馈渠道。每次发送电子邮件后,可以通过跟踪电子邮件的开启率、点击率等指标来了解对电子邮件内容的反应。这既可以评估这种宣传方法的效果,也可以根据反馈调整未来的推广策略,更好地满足读者的需求。

总的来说,通过电子邮件进行点对点宣传,大学可以主动并有针对性地推广辽宁的地域文化,同时也可以通过反馈优化其宣传行为,更有效地传播辽宁文化。

(4)辽宁文化"嵌入"短视频

在移动互联网时代中,短视频应用的兴起无疑为地域文化的传播提供了新的视角和广阔的舞台。以抖音为例,它以便捷的信息获取、生动丰富的内容表达,以及超越地域限制的传播功能,吸引了大量的用户参与并积极互动,确实具备传播地域文化的巨大潜力。

首先,抖音符合信息碎片化的获取需求。短视频所具备的微叙事性质,配合视觉化功能,使得信息的接收更加直观与高效。例如,通过抖音发布的一段辽宁非遗技艺表演,对观众的影响将远超文字介绍和图片展示,使观众仿佛置身现场,能够更全面地了解和感受辽宁文化。

其次,抖音的社交性特性,进一步将信息传播推向更广泛的群体。如同孔子学院短视频挑战赛一样的活动,在抖音举办,将吸引更多的用户参与,通过点赞、分享、评论等互动方式,加大信息传播的深度和广度。

再次,相较于传统的文化传播方式,短视频能够更好地捕捉年轻一代的注意力。观众也可以通过短视频,快速了解和喜欢上辽宁文化的各个方面,如美食、历史、音乐和艺术等。例如,可以创建一系列的"辽宁非遗在抖音"短视频,邀请非遗传承人现场展示、讲述其中的故事,让用户有更直观、生动、接近的感知。

最后,抖音已经成为一个重要的非物质文化传播平台。辽宁拥有丰厚的文化遗产,借助抖音这个平台,可以通过生动的短视频将这些文化遗产展示给广大网友,让他们沉浸在丰富多元的辽宁文化中。以"跟着抖音玩西安"为借鉴,完全可以设计出一系列"跟着抖音游辽宁"的专题短视频,从传统技艺、历史建筑、自然风光、地方美食等方面,全方位、多角度地展示辽宁文化魅力。通过这种形式,辽宁文化的影响力一定能得到大幅度的提升。

(5)开设《辽宁日报》等纸媒的海外版本

开设海外版纸质媒体或者实行与海外华文媒体的合作,能够有效推动辽宁文化的向外传递,并展示富含辽宁独特性的媒体版面。

2. 扩大传播范围

（1）扩大传播主体规模

在如今的信息爆炸时代，想要做到有效和广泛的传播，增加传播主体和拓展传播途径确实是一种实用且具有广泛适用性的策略。以中文联盟云服务平台为例，其成功地整合了 20 多家相关单位共同传播，在融媒体应用方面成就显著。实施这样的策略来传播辽宁文化，将提升其影响力和接受范围。

首先，可以总结和借鉴"中文联盟"的成功模式，创立一个以辽宁文化为主题的应用软件，由辽宁的媒体机构、"一带一路"共建国家友好协会、省内外学府、海外孔子学院、教育组织以及跨国企业等机构共同参与开发和维护。这个应用不仅要是一个信息发布平台，更要有互动参与的功能。例如，可以邀请用户对他们在辽宁旅游的见闻、风情故事、美食体验等进行分享。这些实例和故事，正是辽宁文化活泼生动的表达。对此，应鼓励用户尽可能多地分享、参与，形成一种互动热潮。

其次，加大发展力度，通过持续吸纳相关人员、学府和举办多种形式的比赛，将传播主体不断扩充，传播路径源源不断地拓宽。例如，举办线上的辽宁文化知识问答比赛，或是以辽宁文化为主题的写作、摄影、绘画比赛等，以此激发更多的人参与辽宁文化的传播活动。

最后，更要注重跨文化的交流。借助各地的中外语言专家和学生的资源，对传播内容进行翻译，以满足来自世界各地、不同语言和文化背景的人们的需求。这样，辽宁的地域文化才能真正传达到世界的每一个角落，影响力和公众认知度也会逐渐提升。

总之，提升辽宁文化传播的影响力和效果，绝不只是单方面的努力，而需要广大的相关主体共同参与和合作，通过各自的优势和资源，共同助力辽宁文化的国内外传播。

（2）组建编译团队

在发展融媒体来传播辽宁文化时，多语种的语言服务支持显得尤为重要。特别是在 2020 年，突发事件应急语言服务受到重视，突显了发布多种语言信息的必要性。因此，辽宁应抓住机遇，在融媒体传播途径发展中采取如下措施：首先，在编译范畴内涵盖多种外国语言、残障人士特殊语言以及少数民族语言，以满足各类受众需求；其次，组建专业的语言服务团队，借助语言学家、高校教师和中外学生的力量，提供专业语言支持；最后，在辽宁高校和海外孔子学院中加强培养语言人才，为语言服务提供强有力的支持。

通过融媒体传播辽宁文化的优势体现在以下三点：第一，融媒体拓宽了受众的信息获取渠道。截至 2018 年，辽宁已有 2.7 万名留学生和 3 万名外籍专家工作人员。伴随融媒体的发展，多样化的新媒体产品能满足在辽留学生、外籍专家工作人员及"一带一路"共建国家受众的需求。第二，融媒体应用打破了传播主体与受众的地理限制，弥补了传统传播路径辐射范围狭窄、受时空限制较大的不足，拓宽了辽宁文化传播范围，让各地的人们及时了解辽宁文化信息。第三，融媒体的兴起为传播渠道提供了更多选择，并增强了与受众之间的互动性。心理学研究显示，大脑优先处理与图像相关的信息，而短视频和微产品正具备形式多样、互动性强的特点。相较于政府主导的传统媒体，融媒体更有助于民间文化交流，能在不觉中拉近与"一带一路"共建国家受众的距离。

二、优化来华留学教育的课程设置与教育实践

1. 设置辽宁文化专题课

为了优化对外汉语教学，需要在基础课、选修课和实践环节融入地域文化元素。可以开设一些相关课程，如区域民俗课与地域文化体验课。在专题课上，依据特定主题进行教学，满足学生需求。这种教学模式具有较强针对性，既能容纳丰富文化内容，也不占用必修课时间。辽宁高校可设立辽宁文化专题课程，以留学生为主导群体，模块化传授地域文化知识。这有助于构建辽宁文化体系，使留学生依据兴趣选取学习内容，从而提高辽宁文化的传播效果。

（1）设置课程内容

文化因素可以划分为知识文化因素和交际文化因素。在设置辽宁文化课程内容时，需要结合知识文化因素和交际文化因素，以保证课程内容的深度

与广度。通过挑选与辽宁文化密切相关的主题，如历史文艺、空间、生活方式以及风俗习惯等作为课程内容的核心，充分展示辽宁文化的独特魅力。

第一，可以针对辽宁的历史文艺，设置一门辽宁历史文化课程。本课程将包括辽宁古代历史、近现代史，以及历史上的重大事件和决定人物等。同时，概括辽宁的文学、艺术、音乐等领域的成就，使学生更全面地了解辽宁地区曾经和现今的文艺风貌。

第二，辽宁地理文化课程可涵盖辽宁省的主要地理特点和景观，以及各地的人文风情。通过介绍沈阳、大连等城市的地理风光和人文景观，揭示其各自的文化底蕴和历史沉淀。此外，强调辽宁省内涵盖的多个自然保护区、公园及著名旅游景点，使学生对辽宁地理文化有更深刻的认识。

第三，生活方式课程关注辽宁内的日常生活、饮食文化、传统手工艺等。通过本课程让学生了解辽宁人民的生活习惯、价值观，以及独特的饮食口味和风格。同时，强调辽宁丰富的传统手工艺品，如剪纸、锻铁、编织等，展现辽宁精湛的工艺水平和独特的文化特色。

第四，民俗课程着重介绍辽宁的传统节庆、民间信仰、娱乐活动等。通过对辽宁不同民族和地区的传统节庆习俗、民间信仰故事的介绍，体现辽宁文化的多样性。同时，涉及当地特色的娱乐活动，如二人转、秧歌舞等，反映辽宁文化的独特风格。

总之，在设计辽宁文化课程内容时，应结合知识文化因素和交际文化因素，从历史文艺、空间、生活方式以及风俗习惯等多个角度，呈现辽宁文化的丰富性和多样性。通过这四个专题课程的开展，有助于学生更系统且深入地了解辽宁文化，进一步增强辽宁文化的传播力和影响力。

（2）"第一课堂"和"第二课堂"相结合

在教授辽宁文化时，充分利用"第一课堂"和"第二课堂"的相互结合确实是一个行之有效的方法。通过实际体验与理论知识相结合的教学活动，让学生更为深入地了解和体验辽宁文化，从而将所学知识付诸实践，巩固和拓展其学术基础。

在实施"跨越课堂"教学时，不仅要让学生走进博物馆进行亲身体验，还需注重营造文化体验的气氛。进入博物馆开展学习活动后，教师应引导学生关注具有地域特色的文物、遗址、历史资料等，结合已学的理论知识进行阐释和讨论。游览博物馆不仅能使学生对辽宁文化的历史、艺术、民俗等方面有更为直观的了解，还可以激发他们对辽宁文化的研究兴趣与热情。

此外，在执行少数民族文化实践课程时，应让学生真实地感受辽宁丰富多彩的少数民族文化，如通过实地参观少数民族村落、参加当地民族节庆、体验民族文化和生活等，以培养其对不同文化的认同与尊重。例如，在穿上民族服装的过程中，学生可以了解各民族的服饰特点和文化寓意；在制作民族工艺品时，感受到各民族传统手工艺的独特韵味；品尝特色民族美食则能让他们更亲切地认识到辽宁多民族地区的生活习俗。这些亲身实践活动，有利于培养学生对辽宁少数民族文化的喜爱和尊重，强化其在"第一课堂"所学习到的理论知识。

总之，将"第一课堂"和"第二课堂"相结合的教学模式有利于学生全方位地了解和体验辽宁文化，提升其跨文化交流能力。此外，这一模式还能增强辽宁文化的传播力和影响力，并为其在国内外的推广提供有力支撑。

2. 丰富文化活动主题

丰富的文化活动主题能够有效地展示辽宁文化的多元性，从而加深留学生对辽宁文化的理解和认可。本部分将针对五个具体的文化活动建议进行详细讨论，并阐述这些活动如何弘扬辽宁文化。

第一，组织辽宁民俗文化知识比赛。这项活动能够加深留学生对辽宁民俗技艺和节庆文化的了解，同时也有利于辽宁文化的传承和尊重。例如，比赛中可以设置关于辽宁当地传统技艺如剪纸、泥人、锻铁等的知识竞答环节；或者通过介绍和讨论辽宁的传统节日如过大年、庙会等，让留学生了解其背后所包含的深层次的文化含义。

第二，启动留学生职业规划大赛和创新创业比赛。从辽宁的经济发展角度出发，让留学生了解辽宁在共建"一带一路"倡议下获得的发展机遇。同时，通过比赛的形式，鼓励留学生将所学知识应用到实际的职业规划和创业项目中，将理论学习与实践结合，增强其对地域文化的理解和运用。

第三，开展班级内的方言小品演出。辽宁地区拥有众多丰富多彩的方言，通过小品的形式，留学生可以在娱乐中学习和理解这些方言的魅力，同时也能感受到辽宁文化的生动活泼。

第四，组织辽宁烹饪体验活动。辽宁的美食文化独具特色，通过亲自下厨，留学生们能亲身体验到辽宁美食文化的魅力，同时也能提高他们对辽宁文化的尊重和欣赏之情。

第五，通过观看郭明义和邹笑春等英模人物的电影和纪录片，留学生可以从中看到辽宁人敬业热心、无私奉献的精神，从而增强他们对辽宁文化的认同感。

总之，通过开展这些活动，旨在让留学生通过实践，从多个角度深入了解和体验辽宁文化的丰富性和独特性，同时提升其对辽宁文化的认同感和尊重。

三、促进海外孔子学院与地域文化教学协同发展

1. 多所孔子学院文化建设协调发展

辽宁孔子学院合作大学联盟的顺利启动，标志着辽宁在海外文化传播方面迈出了重要一步。在推动辽宁文化的传播过程中，多所孔子学院的共同协作具有重要的意义。根据这样的目标和需求，以下是一些具体措施和建议。

首先，各孔子学院可以互相学习和借鉴在辽宁文化推广方面的成功经验，这些经验可能来自其他同类机构或者是自己的先发优势。例如，一些孔子学院可能已经成功组织过类似的文化交流活动或者是大型的文化庆典，这些经验对于形成共同的发展氛围具有重要参考价值。

其次，辽宁的各大高校应积极提供支持，为孔子学院开展辽宁文化传播提供所需的专业人才和资源。高校是培养国内外通才的重要基地，他们所拥有的专业教师和教学设备与孔子学院的需求是非常匹配的。

最后，辽宁海外孔子学院可以确定特定的"辽宁文化日"，在这一天，孔子学院全球范围内同步举行各种形式的文化活动，从而以更引人注目而有趣味的方式扩宽辽宁文化的国际影响力。

同时,也可借鉴其他孔子学院的活动模式,由各所辽宁孔子学院组织如辽宁民俗艺术周、辽宁文化俱乐部、辽宁文化沙龙等活动。如民俗艺术周,可以在此期间举办各类民俗艺术大赛;在地域文化俱乐部内进行交流、分享和学习,使得辽宁文化的语境被各个孔子学院所感知;文化沙龙则是以讲座、展览、影评、游记等形式,让学生接触、了解、欣赏、掌握辽宁特色的地域文化。

2. 发展孔子学院文化教学

(1)开发慕课课程

鉴于文化教学资源的紧张,应在"互联网+"汉语国际传播新模式的推动下,积极发展网络孔子学院的慕课平台,以进行辽宁文化教学和汉语教师在线培训。慕课作为一种微型视频课程,具有开放性、共享性、大规模性及时间自由等特点。采用简练的表达手法,整合声音、形象、图标及文字,便于传输和下载。利用网络媒体技术,慕课发展迅速,并能分享优秀教师、教材及教学方法,以缓解教育资源分布不均和教师短缺问题,满足孔子学院传播辽宁文化的需求。

网络孔子学院成立于 2009 年,旨在为海外孔子学院提供在线教育平台,推动更多人学习和了解中国语言文化。当前,网络孔子学院的课程涵盖 HSK、教师培训、中国概况、传统文化、汉语学习、职业汉语和专家讲座七个板块。然而,虽有"中国各地"课程涉及辽宁简介,但对辽宁文化的深入探究仍不足。为激发更多活力,孔子学院应发展慕课平台,为辽宁 30 所孔子学院打造具有特色的网络课程资源。

辽宁文化丰富多样、独具魅力。吴瑛调查孔子学院中国文化传播现状时发现,物质文化最易被接受。因此,网络孔子学院慕课平台可先从辽宁物质文化入手,利用玉猪龙、甲骨、《万岁通天帖》等珍贵文物,及沈阳故宫、九门口水上长城等古代遗迹,展现辽宁文化,引发学生兴趣。

(2)提高教师和志愿者的传播能力

如何提高辽宁文化教师团队、孔子学院汉语教师及志愿者的传播能力,是推广辽宁文化的关键环节。

　　首先，建设专门的辽宁文化教师团队。这个团队可包括博物馆讲解员、文化传承者等具有辽宁文化背景的专家，他们对辽宁文化有深入了解和丰富实践经验。这些专家需要积极适应时代潮流，运用现代化手段如视频教学和互动式课堂，激发学生对辽宁文化的兴趣。

　　其次，通过网络孔子学院慕课平台，提升孔子学院汉语教师及志愿者的地域文化及教学技巧。例如，可设立辽宁文化概论课程、民族舞蹈课程和辽宁工艺手作课程。这些课程能够使教师及志愿者全方位地了解辽宁文化，并将这些知识技能融入到他们的教学实践中。

　　最后，充分发挥中方合作高校的资源优势，利用慕课平台进行师资培训。一方面，可以定期筹办文化教学主题研讨会，邀请相关领域专家进行授课和培训，使教师和志愿者及时了解最新的文化教育理论和方法。另一方面，邀请海外杰出汉语教师分享文化教学的策略和经验，增进他们在国际范畴内的教学水平。师资培训课程应以短期、中期和长期相互结合的方式进行，以期达到渐进式的学习效果，逐步提升国际汉语教师的专业能力。

　　综上所述，通过建设专门的辽宁文化教师团队、利用网络慕课平台提升孔子学院汉语教师及志愿者的教学能力，以及寻求中方合作高校的支援进行师资培训，可以有效地激发学生学习辽宁文化的兴趣，增强教师和志愿者在国际范畴内的传播能力，为辽宁文化的传播和发扬做出更有力的贡献。

　　（3）改善教学方法

　　一方面，可以实施线上与线下交织的教学方式。通过线上慕课，孔子学院的汉语学习者可以进行辽宁文化知识的学习。线下课程则主要以文化活动形式出现，例如，组织辽宁民俗体验活动和方言学习活动。也可以设立辽宁文化俱乐部，实行情境式和体验式的教学，让汉语学习者亲身体验辽宁文化的精髓，引发他们的学习热情，使他们更深入地认识辽宁的文化。

　　另一方面，应重视学生的主观性，采用参与型的文化教学方式。孔子学院的教师可以与汉语学习者一起制定辽宁文化课程大纲，明确教学关键点和难点，并组建学生教学团队，划分职责，让学生们共同承担一堂辽宁文化课的讲授任务。在这个过程中，学习者的自信会得到提升，同时他们对辽宁文化的记忆和理解将会加深。

(4) 编订辽宁文化教材

为提升辽宁海外孔子学院的跨文化教学质量，需要在教学方式、师资和教材三大方面同步进行，尤其是编撰专门的辽宁文化教材，结合中外师资团队的优势，强调教材的针对性和实用性，这样不仅有利于提升海外孔子学院在辽宁文化教学方面的质量，也将对辽宁省内高校接收留学生的能力产生积极影响。

采用中外教师共同编撰的辽宁文化教材，能够结合中国教师对辽宁文化的深入理解和外国教师对本国学生需求的独特理解。这种模式可以确保教材内容既能真实、准确地展示辽宁文化特质，也能适应海外学生的学习习惯和文化背景，大大提高教学效果。同时，辽宁文化专家和汉语国际教育领域专家的深度参与和严格审核，也能进一步保证教材的准确性、权威性和实用性。

事实上，据统计，2016年至2018年期间，辽宁省内接收留学生数量排在前十位的高校中，其多所都拥有海外孔子学院，这表明孔子学院的发展与留学生数量之间存在密切的关系。孔子学院的优化发展和出色的文化传播能力，无疑是高校吸引更多留学生的利好。因此，将孔子学院作为推广辽宁文化的重要平台，将对提高辽宁海外孔子学院的跨文化教学质量，以及进一步吸引更多的留学生至辽宁，产生积极影响。

总的来讲，专门的辽宁文化教材编撰、师资培训以及教学方式的创新，都是提升辽宁海外孔子学院跨文化教学质量的重要步骤。只有当这些环节协同工作，才能最大限度地发挥他们的优势，为辽宁文化在全球的传播开辟更广阔的道路。

四、拓宽人文交流活动范围，创新人文交流活动形式

1. 推动中外人文交流

推动中外人文交流是建立和谐、开放、包容的国际环境的重要一环。开展科技、艺术、遗产保护、旅游、商业、体育等多领域的文化交流活动，创新人文交流形式，不仅能提升辽宁在国际上的影响力，也有助于辽宁本身的

多元化和包容性发展。

首先，推动共建"一带一路"人文交流应涵盖更广泛的范围。例如，可以在科技领域邀请来自"一带一路"共建国家的专家学者共同组织研讨会，共享科技成果、深化合作关系；在艺术和遗产保护领域，可以组织交流展览，展示辽宁的艺术成就和历史文化，同时吸取别国的保护经验和技术；在旅游、商业和体育领域，可以举办文化旅游节、商贸论坛和体育赛事，增进各国人民之间的相互了解和亲近感。

其次，强化友好省份、国际友城的建设，以推进中外人文交流。其中，可以通过大学、企业、各类文化组织、友好协会等多元化主体的力量，以各种形式举办文化活动，将友好交流的触角延伸到社会各层面，拉近人与人之间的距离，从而使辽宁的国际"朋友圈"更加扩大。

最后，辽宁可以与"一带一路"共建国家的教育、文化相关部门共同打造实施方案、合作框架以及行动计划。这要求定期与各国进行沟通对话，了解他们的需要和期望，鼓励他们积极参与到人文交流工作中来。只有共同参与，才能共同成长，推动中外人文交流的持续进步。

总结来说，拓宽人文交流活动范围，创新人文交流活动形式，能够促进辽宁地区与世界的互动，为辽宁的社会发展和国际影响力提升注入强大动力。

2. 创新交流活动形式

首先，应创新人文交流活动方式，实现全域、多领域之合作。教育交流是连接文化的重要桥梁，通过联合设校、境外分校建设、扩展互派学生的规模、技能培训等措施，有助于提升文化交流层次。为此，可以持续强化共建"一带一路"人文交流机制创新中心的建设，培育高阶复合型人才，构建研究型智库。同时，也需强调辽宁与"一带一路"共建国家之间的职教交流与合作，以培养技术专才，满足企业发展需求。如设立阿拉伯语课程、推出石油化工相关实际应用外语课程，并互派访问学者及留学生。在教育过程中将辽宁文化传递至"一带一路"共建国，达到共建"一带一路"倡议目标。

其次，为培养出高质量的跨文化人才，可以通过扩大奖学金规模和拓宽资助等途径，吸引优秀人才来辽宁学习。除了中国政府奖学金、孔子学院奖学金和辽宁政府奖学金，也鼓励辽宁出色的企业参与到共建"一带一路"倡议中，设立相应的奖学金，定制个性化的培养计划，根据企业实际需求精准培养出服务于共建"一带一路"倡议的国际化人才。

最后，可以举办多种形式的知识比赛、节庆联欢、主题节日活动。可以与"一带一路"共建国家共同主办旅游节、文艺节和博览会等活动。再者，与健康事业相关的"健康丝绸之路"建设，如推动中医养生基地的建设，助力健康旅游活动的发展。此外，也可推动文化知识比赛和体育赛事的开展，如在各大高校中举办辽宁文化知识竞赛，与共建国家举办国际马拉松、冰雪比赛和篮球精英赛等体育赛事。

通过人文交流路径传播辽宁文化的目标包括：首先，推动辽宁文化与其他文化的多元融合，增加文化的丰富性和多样性。其次，通过人文交流，加强共建国家对辽宁文化的认同和理解，为两地人民之间的友谊和合作奠定基础。最后，在人文交流的过程中，促进经贸往来，为辽宁参与共建"一带一路"经济建设提供支持和助力。

第五节　辽宁文化资源整合的"四河四城"战略

辽宁应采取可行的"四四战略"来整合文化资源。这个战略是以四条河作为平台，以大凌河、辽河、浑河、太子河为基础进行整合；同时以四座城市，即沈阳、大连、锦州、丹东为基地展开整合。四条河分别汇聚出辽宁各主要文化板块：大凌河形成辽西文化板块，辽河形成辽北、辽中文化板块，浑河形成辽东北板块，太子河则凝聚出辽东南文化板块。四座城市的文化资源整合则按主题进行优化组合。整合辽宁内不同区域、不同主题、不同层次、不同系统的文化资源，使其处于优化配置和协调发展的态势。这是一个长期复杂的系统工程，此工程的实施和实现除了需要具备政治、经济方面的必要性因素外，还必须有特定的体制基础，依托创新性的政策环境、健全的区域协调互动机制，以及与此相关的健全市场机制、合作机制、互助机制和扶持机制等环境因素。一旦实现了文化资源整合，相应的整合环境需求得到满足，辽宁的文化品牌建设就能够落地实施。而在文化品牌建设方面的"三名一艺"战略,即名人品牌、名地品牌、名产品牌和艺术品牌也会随之发展。

一、以"四河"为平台促进文化资源整合

辽宁与其他国内省份相比,尽管拥有一千多千米的海岸线,但其主要文化特征是河文化。在辽宁境内分布着"四河"流域的众多文化遗址、人文景观、历史遗迹和民族文化遗产,清晰地展示了辽宁作为一个相对独立的文化板块的特点。这些流域包括大凌河、辽河、浑河和太子河,孕育、产生、发展、积淀、缔造了辽宁的上古文化、近代文明和现代文化的辉煌成就,并因此孕育和繁衍了不同的民族而形成了独特的民族文化和风情。这四条河流就像骨架一样,将辽宁的历史文化、民族文化、山川地理、人文景观和民俗风情编织成一个生动的大文化区域,构成了独特的辽宁文化板块。

对于辽宁文化板块的命名,学界更倾向于称之为辽河文化或辽海文化,一些学者也研究过大凌河、辽河、浑河和太子河所孕育和创造的文明成果,以及这些河流在辽宁发展中所扮演的角色。然而,这些研究成果并没有改变政府和学界对辽宁文化板块整体认识的倾向,导致对于辽宁本土文化的认识和研究存在失衡,即学术研究过度集中于辽河文化或辽海文化,而忽略了辽宁四条大河流域文化在辽宁文化共同构筑和繁荣中发挥的重要作用。

辽宁河文化的起源和演变可以追溯到古代近河村庄,逐渐形成现今的发展轨迹。通过研究这四大河流域文化和文明的发展过程,可以清晰地看到,河流流域的灌溉农耕方式推动了原始居民发明农业技术:他们在肥沃的河流流域进行农作物种植,并学会了控制水灾。河流文化在河流冲积的平原地区立足后,人们得到了温饱,人口数量也随之增加,进而沿着宽阔的冲积河道两侧扩展。尽管从古代到清朝时期,零星的商业也曾在这些河流文化中出现,但人们更以农业为生,除了种植农作物之外,还饲养家畜和禽类。这在金牛山遗址、鸽子洞遗址、红山文化、查海文化和新乐文化遗址的考古研究中都有所体现。

从地理位置的角度来看,大凌河、辽河、浑河、太子河分别聚集或凝聚

出了辽宁文化的主要分板块。具体而言,大凌河形成了辽西文化板块,辽河形成了辽北和辽中文化板块,浑河形成了辽东北文化板块,太子河凝聚出了辽东南文化板块。因此,将这四条河作为整合辽宁文化资源的平台是一个科学的选择。

在操作层面上,辽宁可以通过四河为平台进行文化整合。这种整合主要是针对每条河流流域中不同历史时期的文明积累、不同层次的文化积淀和不同内容的文化资源进行排列、协调和优化组合。这样可以形成一个拥有文化产业和文化旅游价值的资源体系或系统,为辽宁的文化发展提供可操作性的资源平台,为规划辽宁的文化发展提供支撑性的资源基础。另外,如果将这种整合与以"四城"为基地的辽宁文化资源整合战略结合起来,可以实现互相补充、相得益彰的效果。

二、以"四城"为基地推动文化资源协同发展

辽宁文化资源整合战略中的"四城"指的是沈阳、大连、锦州、丹东。城市作为承载历史文化和现代文化的凝聚性载体,是汇集人类文明和创新成果的平台。通过整合城市的文化资源,可以实现主题明确、层次清晰、操作简便、效果突出的目标。整合辽宁的文化资源,以"四城"为基地,结合省委、省政府的战略部署,逐步形成以沈阳、大连为核心的沈大城镇带,以及以大连、丹东、锦州为核心的沿海城镇带。这是推进城镇化的重要形态和战略目标。

从历史沿革和当前发展态势来看,辽宁的沈阳、大连、锦州和丹东市在经济辐射力、交通覆盖力和文化影响力方面具有特殊的地位和功能。它们分别涵盖了辽宁中部、辽北、辽南和辽西、辽东地区的地域文化。与其他地方不同的是,这四个城市主要涵盖了当代辽宁文化资源。《辽宁区域发展"十一五"规划》将本省经济区域板块划分为辽中城市群老工业基地调整改造重点区、辽南沿海(辽宁)外向型经济重点发展区、辽西滨海走廊石油化工发展区、辽北高效农业和农产品深加工发展区、辽西北生态整治与脱贫致富区和辽东生态屏障建设保护区。这一划分与以四个城市为基地整合辽宁的文化资

源的战略相结合,表明沈阳涵盖了辽中、辽北地区,锦州涵盖了辽西地区,丹东涵盖了辽东地区,大连涵盖了辽南地区。因此,以这四个城市为基地进行辽宁文化资源的整合,已经有了很好的政策基础。通过这样的战略,在中心城市的带动下,可以集中发展出版印刷、影视音像、演出娱乐、文化创意产业,以及游戏产业、文化旅游业和其他外向型文化企业。

1. 以锦州为基地的辽西五市文化资源主题整合

锦州作为辽西地区的重要城市,是中原进入关东的第一站。由于其位置关键,历代兵家争夺不断,积淀了丰富的文化资源。在地理和现代交通上,锦州与朝阳相连,与阜新相接,南临葫芦岛,东近盘锦,到这些城市的交通距离均在1小时之内。因此,其交通、经济、商业和文化涵盖力能够辐射到这四座城市。一是经济整合:辽宁省委、省政府已将锦州确定为辽西沿海经济区的龙头城市,并提出建立由锦州、阜新、朝阳、盘锦和葫芦岛五个城市组成的辽西沿海经济区。二是文化整合:结合辽宁文化资源的整合战略,可以发展以锦州为基地的辽西五市文化资源主体整合。其中包括古代文化遗址的主题整合,从西向东涵盖红山文化和查海文化,从北向南则涉及塔营子古城、龙冈墓群、也律仁先家族墓和红帽山城址等。另外,宗教主题的整合也是辽西的一个特色。该地区最具代表性的宗教资源是佛寺、庙宇和塔。按照从东到西,再从北到南的空间顺序,包括圣经寺、普安寺喇嘛洞、海棠山摩崖石像、瑞应寺、万佛堂石窟、惠宁寺、广济寺塔、青岩寺、朝阳南北塔等。三是工业化整合:将阜新的煤炭工业、锦州的石油工业、葫芦岛的船舶工业以及朝阳的机械工业资源进行整合。四是旅游文化资源主题整合:将锦州的笔架山、医巫闾山、葫芦岛的兴城、朝阳的凤凰山、阜新的大青沟等景点作为一个整体系统。除了资源主题整合方式,以锦州为基地的辽西文化资源还可以根据开发程度和开发价值进行整合,并与辽宁中部大城市群以及京津冀都市圈的多向度、域外文化资源进行整合。

2. 以沈阳为基地的辽宁中、北部文化资源主题整合

沈阳是辽宁的核心和中心城市,拥有悠久的历史和强大的城市功能,同时也拥有丰富的文化资源。其强大的政治、经济和文化辐射力,可以很好地覆盖周边的鞍山、辽阳、抚顺、本溪、铁岭、新民、辽中等中小城市。在辽宁区域发展"十一五"规划中，以沈阳为中心的一小时交通大城市群已经形成。基于沈阳作为文化资源丰富、人口密集、科技发达、工业基础雄厚、基础设施完备的基地，可以按照历史文化、民族文化、工业文化和景观文化等主题，实施该区域的文化资源整合。

在整合各种主题文化资源时，可以重点整合沈阳的清文化与一宫二陵、近代文化与大帅府、九一八纪念馆，以及鞍山、辽阳的《红楼梦》文化、铁岭的银冈书院、抚顺的清前文化和赫图阿拉城、永陵等历史文化主题。在民族文化方面，重点整合抚顺、本溪、沈阳的满族文化和沈阳的锡伯族文化、朝鲜族文化。工业文化主题方面，重点整合沈阳的装备工业、制造工业、航天工业和鞍山的钢铁工业、本溪的纺织工业、抚顺的煤炭、石油工业。景观文化主题方面，重点以沈阳世博园、五里河公园为中心，组合铁岭的龙首山、清河水库，抚顺的大伙房水库、鞍山的千山、玉佛苑，以及本溪水洞、新民的沈阳西湖等景点。在以上主体整合基础上，需要建立统一的开发性文化资源系统，并进一步扩大资源整合范围，打破原有的市域界限，弱化产权区域属性，按照比较优势和经济、文化发展最大化的原则，优化资源的可用性，促进各主题文化资源在该区域内的自由组合。

3. 以大连为基地的辽宁文化资源整合

《辽宁区域发展"十一五"规划》已将大连确定为辽宁沿海经济区的龙头城市。大连在金融、信息、贸易方面具有强大的基础，人口教育水平较高，科技实力雄厚，同时也是一个知名的海滨旅游城市和避暑胜地。大连通过与营口市和庄河市的连接，形成了覆盖整个辽宁的文化板块。这个文化板块也是辽宁省委、省政府"突出北温带海滨旅游特色"战略的载体。因此，以大连为基地整合辽宁的文化资源，在交通、地理、经济基础和文化发展形势上都具备实际可操作性。

辽宁的文化资源主要是以旅游文化资源为主，其主题较为明确，内容相对单一。为了整合这些主题，采取了以下策略：首先，在大连沿海岸线向东北整合以金州海滨喀斯特地貌和海蚀景观为主体的人文旅游资源，以及长海北方群岛的滨海休闲度假、生态和文化旅游资源，还有栗子房以南的沿海景区；其次，在大连沿海岸线向西北整合辽宁西海岸的旅游资源，包括普兰店、瓦房店、熊岳、鲅鱼圈、盖州和营口等城市所涵盖的文化旅游资源，形成一个线型的濒海文化旅游带。

4. 以丹东为基地的辽东文化资源主题整合

丹东是中国最大的边境城市，南临黄海，鸭绿江隔江与朝鲜相望。该城市的功能不仅能够带动和辐射其下辖的东港、宽甸、凤城等市县，还能够涵盖邻近的桓仁县。丹东的文化辐射和涵盖区域主题主要是边境文化、人文景观和民族风情。边境文化主题方面，整合鸭绿江北至楚山，南到东港的线路，将二百余千米的边境文化资源，如中朝友谊桥、鸭绿江断桥、中朝界河"一步跨"等边境景观组成一个系统，形成具有独特风情的边陲画卷和壮观的鸭绿江边境文化长廊；自然风貌和人文景观主题方面，整合凤凰山、青山沟、五龙山、东汤温泉、鸭绿江口滨海湿地、铁甲水库、天华山等自然景观资源，以及马家店镇三家子村后洼果园古人村落遗址、虎山长城、大孤山古建筑群、抗美援朝纪念馆、抗联遗址等人文景观，形成人文景观主题系统；民族风情主题方面，则采取以丹东的朝鲜族、满族风情为主，将民族建筑、民族艺术、民族饮食等非物质文化资源整合为一体的战略。此外，还可以以产业文化为主题，逐渐挖掘和整合丹东的物流业、交通运输设备制造业、东港渔业、宽甸矿产、桓仁能源等辽东产业文化资源体系。

三、满足"四河""四城"资源整合的环境需求

整合辽宁内不同区域、不同主题、不同层次、不同系统的文化资源，使其优化配置与协调发展，是一项复杂的系统工程。实施和实现这项工程除了政治和经济上的必要性因素外，还需要建立在特定的体制基础上，并依托创新性的政策环境和健全的区域协调互动机制，以及与此相关的健全的市场机制、合作机制、互助机制和扶持机制。这些环境需求统称为文化整合的要求。只有满足以上环境需求，辽宁的文化资源才能形成并实现行政区域间的文化资源共享、优势互补，以及有价值的开放性文化资源整合。

为满足整合环境需求，需要进行以下方面的努力。首先，加快以四大河流和四大城市为平台或基地的整合步伐，实现辽宁文化资源合理分工和功能优化。同时，需从单一开发主导型向多元开发主导型转变，增强区域内文化资源之间的关联和互补，进一步促进行政区域内文化资源的充分整合，以实现特定行政地域文化资源与文化产业、文化事业的融合。其次，对于那些具备较强辐射力、文化积淀深厚、对全省文化发展具有带动性的大城市或较大城市，要依托其设备基础、交通和辐射能力，将其作为文化资源整合的龙头，进行文化资源主体的重组策略，打破行政区划界限，整合地域文化资源和经济优势，推动文化产业、文化旅游和文化建设。再次，在进行辽宁文化资源整合的过程中，各行政区域既要加快自身的文化资源开发与发展进程，又要主动加强与相邻行政区域的战略合作与融合，形成观念共识，以充分发挥各自资源优势，建立以共同发展为目标的分工互动机制，构建布局合理、开放创新、结构互补、资源共享、体系灵活的地域文化共同体，并统一规划和优化组合，推进省内文化资源的一体化及对外发展。最后，在具体操作层面，需要研究制定地域文化资源的整合战略，根据各行政区域的文化资源承载力、环境承载能力和资源潜力，以及该行政区域在全省文化发展中的功能定位，通过建立省政府牵头、各市政府主要领导参与、省直有关部门协调的区域高层协调机构，进行整体规划，协调解决文化资源整合和文化品牌建设过程中的问题，为打造具有高品位、高知名度和深远影响力的辽宁文化品牌提供条件和支撑。

第六节　辽宁文化品牌建设的"三名一艺"战略

一旦辽宁的文化资源整合得以实现，并且满足整合环境需求，那些目前处于行政分割状态的文化资本资源、文化信息资源、文化人才资源和文化品牌资源将能够充分有效地配置起来。政府将采取创新的体制方式，在文化资源的开发、规划、管理和利用方面形成符合市场经济要求的科学化战略，以推动文化事业和产业的发展。文化资源整合的主体已经确立，区域壁垒和行业界限将被打破，将建立文化资源整合的平台或基地。随之而来的是高质量建设辽宁文化品牌时代的到来。

品牌最初的含义是指某种名称、术语、标记、符号或设计，或它们的组合运用。随后人们逐渐意识到品牌所传达的直观、感性和外显方面的符号、标志的作用以及内涵的意义。如今，人们已经充分认识到品牌所包含的有形和无形内容，以及它作为软实力和无形资产的价值，并明确品牌必须与众不同、出类拔萃或独特。一般来说，品牌建设经历创建品牌、培育品牌和传播品牌三个阶段。辽宁文化品牌的建设应该从以上定义和认识中找到理论的启示。

辽宁在文化品牌建设方面已经确定和打造了历史牌、地域牌、工业牌和山水牌等。对于历史牌、工业牌和山水牌，这些品牌更符合辽宁文化发展的实际情况，政府和学界也进行了相应的科学分析和战略判断。在此基础上，本部分计划以辽宁文化资源整合战略为依托，进一步补充和扩展辽宁文化品牌建设的思路。

通过对辽宁内的文化资源进行归纳和整合，可以发现其中有许多具有品牌潜力的文化载体。然而，为了在辽宁的文化发展和建设中产生巨大的价值，需要进行科学的筛选，确定哪些文化品牌可以成为与众不同、出类拔萃或非凡的存在。因此，在辽宁的文化品牌建设中，可以考虑以下筛选原则：一是文化品牌具备前所未有和独一无二的特点，在全球范围内独一无二；二是在同类文化品牌中具有出类拔萃和与众不同的特点；三是品牌名称既要悦耳响亮，又要有深厚的历史底蕴，具有强烈的冲击力和潜在的价值。基于这些原则，提出了辽宁文化品牌建设的"三名一艺"战略，即名人品牌、名地品牌、名产品牌和艺术品牌。

一、塑造名人品牌

在当代社会，名人品牌已经深入人心，无论是范思哲、阿玛尼在时装领域，丰田、福特、奔驰在汽车领域，还是波音飞机、路易·威登包在各自领域，都是名人品牌的典型代表。然而，回溯到古代中国，名人品牌意识被

"大清康熙年制""大清乾隆年制"所淡化,直至近代,名人品牌意识才开始复苏,如王麻子剪刀、葡萄常、泥人张、烤肉宛等品牌的出现。改革开放后,"李宁"等名人品牌的崛起,标志着名人品牌战略的重要性。

辽宁,作为名人辈出的地方,名人品牌的塑造与运营对于其文化品牌建设有着深远意义。因此,构建名人品牌系列,实施名人品牌战略,是文化品牌建设的关键步骤。

辽宁在名人品牌建设上,已经形成了一系列重要的名人品牌,如雷锋、方永刚、杨利伟等英模人物。这些名人品牌的建设,不仅是在文化事业或文化产业上的培养和开发,更是通过这些名人品牌系列,形成了辽宁独特的文化亮点。

品牌的竞争力取决于品牌的个性,即品牌具有的文化内涵所体现的吸引力和渗透力。从品牌传播的角度来看,只有赋予品牌个性,才能具备较强的传播渗透力和竞争力。这种个性化的品牌,主要通过名人品牌来体现。每个人都是独一无二的,以他们的名字作为品牌,既能展现品牌的历史,又能维护整个品牌的形象。

二、弘扬名地品牌

辽宁拥有众多知名的地名和历史名胜,这些地名和名胜具有深厚的历史文化底蕴。然而,需要明确的是,并非所有的地名和古迹都具有显著的品牌价值和品牌建设潜力。只有那些具有广泛知名度、深受大众喜爱、独特风格、丰富文化积淀或突出人文价值的地方,才能被视为具有品牌建设、培育和开发的价值,才有可能将其塑造成独特的文化品牌。

在这样的选择原则和条件下,可以将沈阳、辽东、鸭绿江、大辽河、千山、北镇、岫岩、老北市、银冈、清河、五女山、老虎滩、金石滩、萨尔浒、元帅林、赫图阿拉、笔架山、玉佛苑、柳条边、望儿山、红山和海棠山等地作为辽宁重点建设的地域文化品牌。这些地方,如同名人品牌一样,具有自身独特的魅力和价值。它们可以形成辽宁特色的品牌风景线,吸引国内外游客的关注,提升辽宁的文化影响力,同时也能推动地方经济的发展。例如,沈阳，这座辽宁最大的城市，是辽宁的政治、经济、文化中心，其深厚的历史文化底蕴和现代化的城市风貌，使其具有极高的品牌价值。再如，老虎滩，这个位于大连的海滨风景名胜区，以其独特的海洋景观和丰富的海洋生物资源，吸引了大量的游客，具有极大的品牌建设和开发潜力。

通过对这些地名和名胜的品牌建设和推广，可以提升辽宁的文化品牌价值，推动辽宁的文化和旅游产业发展，同时也为辽宁的经济社会发展注入新的活力。

三、宣传名产品牌

地域特产品牌，是将特定地名与其独特产物相结合形成的品牌。这种品牌化的过程，不仅赋予了特产更高的商业价值，也让地域文化得到更广泛的传播。历史上，许多地域特产已经成功地塑造成了知名品牌，如云南的云烟、贵州的茅台、杭州的龙井茶、信阳的毛尖茶，以及新疆的和田玉、河南的独山玉等。这些品牌的成功，证明了地域特色产品具有极高的品牌化潜力，其独特性能满足全球消费者的独特需求。

在辽宁，也可以借鉴这种模式，挖掘和打造具有地域特色的文化品牌。已有的成功案例，如本溪的红叶、岫岩的玉雕、红山的玉器、阜新的玛瑙，以及东北二人转、新宾秧歌等，都是地域文化和特产成功品牌化的典型代表。这些品牌不仅提升了特产的商业价值，也在一定程度上推动了地方文化的传播和发展。

总的来说，地域特产品牌的宣传与建设，不仅可以提升特产的商业价值，也能推动地域文化的传播和发展。辽宁在这方面已有一定的基础和经验，未来还有很大的发展潜力。

四、构建艺术品牌

辽宁作为文化和体育的重镇，拥有丰富的艺术资源和独特的非物质文化遗产，这为其构建艺术品牌提供了得天独厚的条件。在此基础上，提出了构建辽宁艺术品牌的战略，旨在将辽宁的艺术成就和非物质文化遗产提升为具有广泛影响力的文化品牌。

该战略的实施首先需要对辽宁的艺术资源进行精选,挑选出那些深受人们喜爱,具有独特风格、深厚文化内涵和显著人文价值的艺术作品或非物质文化遗产,如马家军、刘老根、舞剧《清风满韵》、电影《末代皇帝》、电视剧《天幻》、沈阳杂技,以及小品、二人转、地方歌曲和地方文学等,作为品牌建设的基石。

随后,需要通过品牌策略,将这些艺术资源塑造为具有辽宁特色的艺术品牌,进一步提升其在国内外的影响力和竞争力。这不仅能够推动辽宁的文化事业发展,强化文化产业,也有助于将辽宁文化的创新融入国家和民族发展的大潮。

在全球经济文化一体化和文化发展国际化的大背景下,推动辽宁的文化资源整合和文化品牌建设,将为辽宁的文化大发展和大繁荣提供强大的动力。因此,需要积极推动这一战略的实施,以期在未来的文化竞争中,赢得更大的优势和更广阔的发展空间。

参考文献

［1］蒋宝德，李鑫生. 中国地域文化 ［M］. 济南：山东美术出版社，1997.

［2］宁可. 中国地域文化通志·地域文化典 ［M］. 上海：上海人民出版社，1998.

［3］中华孔子学会编辑委员会编. 中华地域文化集成 ［M］. 北京：群众出版社，1998.

［4］刘伟铿. 地域文化研究 ［M］. 南宁：广西民族出版社，2004.

［5］陈侃言. 中国地域文化论 ［M］. 广州：广州出版社，1994.

［6］石映照，白郎. 中国地脉 ［M］. 天津：天津社会科学院出版社，2004.

［7］陈金川. 地缘中国——地域文化精神与国民地域性格 ［M］. 北京：中国档案出版社，1998.

［8］晏昌贵. 中国古代地域文明纵横谈 ［M］. 武汉：湖北人民出版社，2000.

［9］周振鹤. 中国历史文化区域研究 ［M］. 上海：复旦大学出版社，1997.

［10］李勤德. 中国地域文化 ［M］. 太原：山西高校联合出版社，1995.

［11］宋新潮. 殷商文化区域研究 ［M］. 西安：陕西人民出版社，1991.

［12］邱文山. 齐文化与先秦地域文化 ［M］. 济南：齐鲁书社，2003.

［13］王子今. 秦汉地域文化研究 ［M］. 成都：四川人民出版社，1998.

［14］程民生. 宋代地域文化 ［M］. 郑州：河南大学出版社，1997.

［15］邵汉民. 中国文化研究二十年 ［M］. 北京：人民出版社，2003.

［16］周振鹤，游汝杰. 方言与中国文化 ［M］. 上海：上海人民出版社，1986.

[17] 蒋炳钊. 闽台文化［M］. 石家庄：河北教育出版社，2004.

[18] 吴永章. 客家传统文化概说［M］. 南宁：广西教育出版社，2002.

[19] 钟敬文. 民俗学概论［M］. 上海：上海文艺出版社，1998.

[20] 黄淑娉. 广东族群与地域文化研究［M］. 广州：广东高教出版社，1995.

[21] 张岱年. 中国文化概论［M］. 北京：北京师大出版社，2001.

[22] 徐杰舜. 雪球——汉民族的人类学分析［M］. 上海：上海人民出版社，1999.

[23] 王锺翰. 中国民族史［M］. 北京：中国社会科学出版社，1993.

[24] 黄淑娉. 文化人类学理论与方法［M］. 广州：广东高等教育出版社，1998.

[25] 蔡俊生. 文化论［M］. 北京：人民出版社，2003.

[26] 陈华文. 文化学概论［M］. 上海：上海文艺出版社，2001.

[27] 王喜绒. 比较文化概论［M］. 兰州：兰州大学出版社，1999.

[28] 司徒云杰. 文化社会学［M］. 北京：中国社会科学出版社，1987.

[29] 庞朴. 文化的民族性和时代性［M］. 北京：中国和平出版社，1988.

[30] 迈克·克朗. 文化地理学［M］. 杨淑华，译. 南京：南京大学出版社，2003.

[31] 王恩涌. 文化地理学［M］. 南京：江苏教育出版社，1995.

[32] 张步天. 中国历史文化地理［M］. 长沙：湖南教育出版社，1993.

[33] 赵世喻，周尚意. 中国文化地理概说［M］. 北京：人民教育出版社，1991.

[34] 周振鹤. 湖南历史文化地理研究［M］. 上海：复旦大学出版社，1995.

[35] 豆广利. 画说辽宁文化遗产［M］. 沈阳：辽宁人民出版社，2012.

[36] 贾磊磊. 提高国家文化软实力研究［M］. 北京：中国文联出版社，2016.

[37] 李雅林. 文化创意产业与产品传播的媒介发展路径研究［M］. 沈阳：沈阳出版社，2019.

［38］罗伯特·戴维·萨克. 社会思想中的空间观：一种地理学的视角［M］. 黄春芳，译，北京：北京师范大学出版社，2010.

［39］孙祥飞. 中国形象历史演进及跨文化传播路径［M］. 北京：社会科学文献出版社，2017.

［40］孙英春. 跨文化传播学［M］. 北京：北京大学出版社，2015.

［41］吴瑛. 孔子学院与中华文化研究［M］. 杭州：浙江大学出版社，2012.

［42］司马迁. 史记·匈奴列传［M］. 北京：中华书局，2013.

［43］辽宁地方志编纂委员会办公室. 辽宁志·建置志［M］. 沈阳：辽宁民族出版社，2002.

［44］辽宁地方志编纂委员会办公室. 辽宁志·地理志［M］. 沈阳：辽宁民族出版社，2002.

［45］王绵厚. 辽宁文化通史·秦汉卷［M］. 大连：大连理工大学出版社，2009.